本书是四川省高等学校人文社会科学重点研究基地基层司法能力研究中心2022年度重点项目"刑事责任原理及实践问题研究"（编号：JCSF2022-02）的研究成果

刑法责任
理论新探

谢雯昕　王　濛　周树超　何　强／著

西南财经大学出版社
Southwestern University of Finance & Economics Press
中国·成都

图书在版编目(CIP)数据

刑法责任理论新探/谢雯昕等著. —成都:西南财经大学出版社,2023.1
ISBN 978-7-5504-5341-8

Ⅰ.①刑… Ⅱ.①谢… Ⅲ.①刑事责任—研究—中国 Ⅳ.①D924.04

中国版本图书馆 CIP 数据核字(2023)第 015783 号

刑法责任理论新探
XINGFA ZEREN LILUN XINTAN
谢雯昕　王濛　周树超　何强　著

责任编辑:肖　翀
责任校对:余　尧
封面设计:墨创文化
责任印制:朱曼丽

出版发行	西南财经大学出版社(四川省成都市光华村街55号)
网　　址	http://cbs.swufe.edu.cn
电子邮件	bookcj@ swufe.edu.cn
邮政编码	610074
电　　话	028-87353785
照　　排	四川胜翔数码印务设计有限公司
印　　刷	四川煤田地质制图印务有限责任公司
成品尺寸	170mm×240mm
印　　张	12.5
字　　数	237 千字
版　　次	2023 年 1 月第 1 版
印　　次	2023 年 1 月第 1 次印刷
书　　号	ISBN 978-7-5504-5341-8
定　　价	78.00 元

1. 版权所有,翻印必究。
2. 如有印刷、装订等差错,可向本社营销部调换。

前言

刑事责任论历来是刑法学理论的艰深领域，也是司法实务的聚讼焦点。将三阶层体系引入我国刑法理论之后，人们对构成要件论与违法性论进行了比较深入的研究，但其中的责任论仍是一个相对薄弱的环节。本书分为刑法责任的基础理论、故意理论与过失理论、违法性认识与期待可能性理论三章，立足于我国刑法的理论现状和实践现实，针对刑事责任的基础理论和具体现实课题进行了探讨。

第一章第一节"刑事责任与责任主义"。全面梳理我国传统刑法理论中的刑事责任理论，以及大陆法系刑法理论中责任主义原则之下的责任理论的发展脉络。一方面，从我国传统刑法理论的研究视角出发，较为细致地概括勾画出与大陆法系刑法理论中"责任"内涵不同的"刑事责任"的整体理论面貌。另一方面，从责任主义原则出发，体系性地梳理大陆法系刑法理论中的责任理论，展示出责任理论的发展脉络。

第一章第二节"责任理论的中国课题"。通过梳理对比我国传统刑法理论中的刑事责任理论和大陆法系刑法理论中的责任理论，可以看出，我国传统刑法中的犯罪论体系之外的刑事责任理论所探讨的刑事责任流于抽象的概念演绎，而对于探讨犯罪成立与否的刑法理论没有实质贡献。应当说，刑法理论中责任的意义不在于责任的概念如何表述，而在于责任作为犯罪成立的条件之一。在此背景之下，我国刑法理论中的刑事责任理论事实上已经转向大陆法系刑法责任理论，进而明确我国的刑法责任课题就是责任理论的本土化问题。

第二章第一节"犯罪故意'明知'的内容与程度"。从责任主义原则和主客观相一致原则的角度来看，成立某一犯罪必须要求行为人具有相应的主观罪过。而本节通过对现行刑法条文的梳理，尝试分别厘清《中华人民共和国刑法》总则与分则规定中"明知"的内涵。在此基础上，对判断行为人"明知"的程度是否达到刑法要求进行了探讨，认为需要将其程度内容具体化为"明知"的整体性、现实性与符合性，从而解决事实要素与价值要素的关系问题。

第二章第二节"论过失犯的实行行为"。国内学界对过失犯的研究主要集中在对德日过失犯构造、注意义务、客观归责、注意义务规范保护目的等的研讨上，对过失实行行为的研究相对比较薄弱。在我国的立法与司法实践中，过失犯的处罚范围仅囿于过失实害犯。过失犯的实行行为是一种独特的行为类型，与故意犯的实行行为是并列关系。研究过失犯的实行行为，应当对其进行科学分类。立法上，过失实行行为的认定限定于公共安全领域；司法上，客观归责理论与注意义务违反说并不是互相对立的两种理论，过失的实行行为判断应当从事实判断和规范判断两个层面同时把握。

第二章第三节"监督过失的学理反思与边界控制"。总体来看，无论是域内研究与域外研究冷热对比的理论现状，还是司法实践与立法初衷背道而驰的实务现实，都暴露出我们在监督过失领域研究的不足，且都致力于从存在论的角度弥补安全与自由之间的空隙。但从既有的理论研究来看，这种存在论的视角反而扩大了安全与自由之间的鸿沟，这种鸿沟在单位过失犯罪中反映尤甚。与故意犯相比，过失犯的构成要件大多缺乏定型性，因而呈现开放性的特征，在具体适用中，大多需要依靠学者与司法者进行构成要件的填补工作。在单位过失犯罪领域，这种开放性体现得更为突出，对司法者的填补工作也提出了更高的要求。监督过失的边界问题，不仅仅是检验既有过失理论良莠的试金石，也为企业合规制度与刑法教义学的结合提供了绝佳的研究场域。有鉴于此，本节首先对监督过失犯罪既有的概念争议予以梳理，并立足于我国刑法的具体规定，对监督过失犯罪的成立范围予以重构。

第二章第四节"过失不作为犯的司法判断"。通过分析饲养动物致人伤亡的案件发现，有关过失不作为的案件处理较为混乱、可罚性认识不清、归责判断路径欠缺，在此问题意识上，提炼出了过失不作为犯罪的归责路径，有利于过失不作为犯的司法判断。

第三章第一节"中国语境下违法性认识理论的体系审视与归正"。通过实证研究发现，违法性认识与违法性认识可能性在我国法定犯的审判实践中分别发挥着影响量刑和定罪的机能。虽然我国刑法学者以德日阶层论体系为平台，对违法性认识的立场和地位问题展开了学术论争，但由于忽视了违法性认识和违法性认识可能性不同的法律功能，所以不能形成供给实践的定论。结合我国语境，应当分别从犯罪论和刑罚论中寻求违法性认识和违法性认识可能性的理论归宿。

第三章第二节"期待可能性的体系定位和司法适用判断"。通过列举期待可能性判断标准的几种学说，可以看出几种学说各有利弊。本书认为，期待可能性是规范的构成要件要素，是犯罪主观要件中的评价因素、前提因素、消极因素。当前我国司法实践中，刑法回归常识对于促进司法公正、实现司法人权保障具有实践意义，司法实践中对期待可能性的判断也应在坚守罪刑法定原则的基础上回归常识，以习近平法治思想为指引，坚持以人民为中心，科学立法、公正司法。若单采用一种标准并不能保证在各种情形下都能准确判断行为人期待可能性的有无及大小。

本书是四川省高等学校人文社会科学重点研究基地基层司法能力研究中心2022年度重点项目"刑事责任原理及实践问题研究"（编号：JCSF2022-02）的研究成果。在此由衷感谢基层司法能力研究中心的资助！

作者

2022年7月31日

目录

第一章　刑法责任的基础理论 / 1

第一节　刑事责任与责任主义 / 3

一、我国刑法中的刑事责任理论 / 3

二、责任主义原则之下的责任理论 / 15

第二节　责任理论的中国课题 / 32

一、刑事责任的理论转向 / 32

二、责任理论的中国命运 / 35

第二章　故意理论与过失理论 / 43

第一节　犯罪故意"明知"的内容与程度 / 45

一、问题的提出 / 45

二、犯罪故意"明知"的内容 / 46

三、犯罪故意"明知"的程度 / 53

四、刑法分则常见犯罪中"明知"的认定 / 62

第二节　论过失犯的实行行为 / 70

一、问题的提出 / 70

二、我国过失犯规制模式的特殊性 / 71

三、过失犯实行行为必要论的立场重申与理论深化 / 74

四、过失犯实行行为的定型性问题 / 85

第三节 监督过失的学理反思与边界控制 / 94

一、文义考察：监督过失概念厘清 / 96

二、实质考察：监督过失的现状及分析 / 101

三、监督过失的适用范围重塑 / 106

第四节 过失不作为犯的司法判断 / 115

一、过失不作为犯的问题引入 / 115

二、过失不作为犯的实践判断困境及其辨正 / 117

三、过失不作为犯的理论认定障碍及其纾解 / 120

四、阶层化的司法判断方法构建 / 125

第三章 违法性认识与期待可能性理论 / 129

第一节 中国语境下违法性认识理论的体系审视与归正 / 131

一、违法性认识的实践认知与问题意识 / 131

二、违法性认识和违法性认识可能性的内涵界定 / 136

三、违法性认识的立场和地位 / 144

四、违法性认识争议案件的判断 / 151

第二节 期待可能性的体系定位和司法适用判断 / 156

一、期待可能性在我国刑法理论体系中的定位 / 156

二、期待可能性的判断标准 / 167

三、司法实践对期待可能性的判断应回归常识 / 175

参考文献 / 180

第一章

刑法责任的基础理论

第一节　刑事责任与责任主义

一、我国刑法中的刑事责任理论

我国刑法实务和刑法理论中广泛使用的刑事责任概念在我国刑法语境之下自成体系。从我国学者出版的刑事责任理论专著以及刑法总论专著来看，虽然各学者在刑事责任理论的具体展开叙述上存在差异，但整体而言，我国学界对刑事责任理论的探讨可以大致划分为刑事责任的概念理论、刑事责任的根据理论、刑事责任的体系地位三个板块。各个理论板块内部又存在多种观点争论，不同观点交锋、汇总，又反过来构建起了具有我国特色的刑事责任理论体系。

（一）刑事责任的概念理论

概念是人类在认识世界过程中对所感知事物的本质特点的抽象描述，是抽象思维的基本单元。法学理论的思维抽象性使得其逻辑演绎理应自概念始[①]。因此，刑事责任概念的探讨之于刑事责任理论的展开有逻辑起点之意，在整个刑事责任理论体系中占重要地位。我国学界对于刑事责任的概念基于不同的理论立场，从多个角度提出了多种刑事责任的概念论述。比较有代表性的观点有五种，包括法律后果说、法律义务说、法律地位说、否定评价说以及法律关系说。

1. 法律后果说

法律后果意指基于法律行为而产生的具有法律意义的结果，该结果对行为人而言不必然是不利的否定性评价，也可能是有利的肯定性评价。我

---

① 张明楷：《刑法学中的概念使用与创制》，《法商研究》2021年第1期。

国刑法在使用刑事责任概念的场合中,"刑事责任"多偏向于"犯罪的法律后果"这一意义。例如,《中华人民共和国刑法》(以下简称《刑法》)第14条第2款规定:"故意犯罪,应当负刑事责任。"《刑法》第15条第2款规定:"过失犯罪的,法律有规定的才负刑事责任。"再如,《刑法》第347条第1款规定:"走私、贩卖、运输、制造毒品,无论数量多少,都应当追究刑事责任,予以刑事处罚。"以上条文的基本语言逻辑都是"犯(某)罪,承担刑事责任的后果",因此,刑事责任在概念层面应当与犯罪的刑法后果具有同等的意义。

从法律后果的角度理解刑事责任的内涵,应当包括以下几个方面。其一,法律后果由法律行为产生而具有法律意义,对应到刑法范畴内,刑事责任由犯罪行为产生而具有刑法意义,而使得刑事责任本身带有刑法评价的意义。其二,法律后果不必然指向法律的否定评价,尤其是在民法中,合法的民事法律行为可能产生获得民法的肯定性评价进而取得某种民事权益的法律后果①,但作为犯罪后果的刑事责任,其直接形式在刑法上表现为剥夺个人某种基本权利的刑罚(比如生命刑、自由刑、罚金刑、资格刑等),就这个角度而言,刑事责任只能是不利于犯罪行为人的刑法否定评价。其三,作为刑法后果的刑事责任,因具备实体内涵(作为独立概念就是充实的),而区别于处于犯罪论体系(德日刑法的阶层论体系)之中的,作为广义构成要件判断部分的责任或者有责性②。最终,基于刑事责任的法律后果属性立场,可以把刑事责任的概念概括为,行为人因犯罪而应当承受的国家司法机关对其犯罪行为否定评价的刑事处罚。

2. 法律义务说

法律义务说的基本立场从是从法律义务的角度理解刑事责任的内涵。其推导逻辑如下:首先,刑事责任是法律责任的一种,明确法律责任的概念可得出刑事责任的概念;其次,法律责任是法律上的一种特殊义务,是行为人因其违法行为而产生的承受国家依法给予的否定性结果法律制裁的

---

① 王泽鉴:《民法概要》,北京大学出版社,2011,第67页。
② 张明楷:《刑法学》,法律出版社,2021,第659-660页。

一种义务；最后，得出刑事责任的概念，即行为人因其犯罪行为而负有的承受国家司法机关依法给予的刑事处罚的特殊义务①。在理论推导之外，将刑事责任理解为刑事义务的法律支撑主要在于，刑法条文中同样存在从刑法义务这一层面意涵来使用刑事责任概念的。例如，《刑法》第 21 条第 3 款规定："第一款中关于避免本人危险的规定，不适用于职务上、业务上负有特定责任的人。"此处的"特定责任"完全可以替换为"特定义务"，即使认为此处作为义务的责任与作为犯罪处罚负担的刑事责任存在区别，但仍然可以将刑事责任视为违反第一性的刑法义务而产生作为第二性刑法义务的刑事处罚后果，刑事责任的实质内涵仍然指向的是刑法义务②。

把刑事责任视为刑法义务，实质上是在刑事法律关系之内理解刑事责任，因而在概念的表述之外还具备以下两个方面的意义。一方面，犯罪后的刑事责任是国家给予的惩罚义务负担，也就意味着刑事法律关系实质上是国家与犯罪人之间的法律关系，而非犯罪人与被害人之间的法律关系，体现出刑法的公法属性以及对于犯罪行为在刑事追诉机制上以公诉为主的基本诉讼原则。另一方面，刑事责任作为刑法义务，其产生机理也就内含着义务的不可转让性，对应到刑事责任上，即刑事责任只能由犯罪行为人本人承担，部分体现出现代刑法中的责任主义原则。

3. 法律地位说

法律地位说将刑事责任视为一种主观心理的存在状态，区别于法律后果说和法律义务说从事后评价的角度赋予刑事责任概念以实体内涵。具体而言，刑事责任是行为人在实施犯罪行为后应受社会谴责和刑法制裁的一种心理状态，以及与这种心理状态相适应的法律地位。此种意义上的刑事责任有两个层面的内涵。其一，刑事责任并非犯罪的直接法律后果，在概念上不应与作为法律后果的定罪处罚相等同，而是与犯罪法律后果的刑罚处罚有内在逻辑联系但却并不等同的另一种概念。其二，法律地位说下的刑事责任实际上又包含两方面的含义：一方面，对于犯罪行为人而言，刑

---

① 张京婴：《也论刑事责任：兼与张令杰同志商榷》，《法学研究》1987 年第 2 期。
② 冯军：《刑事责任论》，社会科学文献出版社，2017，第 23-25 页。

事责任是对其犯罪行为应受惩罚的主观心理状态,这部分构成犯罪行为人接受刑罚处罚的基础;另一方面,行为人所具备的这种应受惩罚的心理态度,则意味着司法机关可以将其置于接受刑罚处罚的法律地位①。之所以将刑事责任视为犯罪行为人应受惩罚的主观心理态度,同样是由于刑法的直接规定。例如,刑法区分故意犯罪、过失犯罪的刑事责任,对不同主体(不同年龄阶段②、精神病人、聋哑盲人)区分刑事责任能力,都显示出不同罪过之下的应受惩罚心理状态的评价不同会直接影响刑事责任,进而在概念层面将因犯罪而产生的应受社会谴责和刑法制裁的这种心理状态,以及其带来的犯罪行为人接受司法机关刑事追诉的法律地位,作为刑事责任的实质内涵。

或许对刑事责任的概念持法律地位说的论者并未有意识地接受德日刑法的责任主义理论,但是这种将刑事责任视为主观心理状态的做法,实际上与德日刑法中的责任理论相契合,而使得我国刑法对刑事责任的探讨在不知不觉中向德日刑法靠拢③。

4. 否定评价说

否定评价说既不同于法律后果说和法律义务说的将刑事责任归于犯罪而引发某种实体后果,也不同于法律地位说的以犯罪行为人主观上应受惩罚的心理态度将刑事责任视为某种存在状态,而是将刑事责任看作是一种否定性评价,属于纯粹的价值判断本身。例如,其将刑事责任概括为:实施犯罪的行为人应当承担的国家司法机关依照刑法对其犯罪行为及其本人所做的否定性评价和谴责④,把刑事责任归于刑法的负价值评价范畴。再如,其将刑事责任概括为:国家司法机关依据刑法规定,对实施犯罪的人

---

① 余淦才:《刑事责任理论试析》,《法学研究》1987年第5期。
② 2020年12月26日,中华人民共和国第十三届全国人民代表大会常务委员会第二十四次会议通过《中华人民共和国刑法修正案(十一)》。修改后的《刑法》对刑事责任年龄进行了重新规定:"已满十二周岁不满十四周岁的人,犯故意杀人、故意伤害罪,致人死亡或者以特别残忍手段致人重伤造成严重残疾,情节恶劣,经最高人民检察院核准追诉的,应当负刑事责任。"
③ 徐立:《刑事责任根据论》,中国法制出版社,2006,第26页。
④ 曲新久:《刑法的精神与范畴》,中国政法大学出版社,2000,第235页。

所做的一种否定的道德政治评价①。这在刑事责任的刑法负价值判断之外还增加了一层社会道德上的价值否定。这种将刑事责任视为一种负价值评价，使得刑事责任在形式上介于犯罪与刑罚之间。因其是对犯罪的价值评判，可以说刑事责任由犯罪行为产生，又因其引出刑罚处罚，而可以说刑事处罚是刑事责任的现实体现。由此可以得出否定评价说之下，刑事责任的两层内涵。其一，刑事责任介于犯罪与刑罚之间，客观存在但又不具有实体性。其二，刑事责任由犯罪行为产生，但并不是刑事处罚这一刑法后果本身。这一方面是因为刑事责任的存在侧面体现出犯罪事实客观存在；另一方面是因为刑事责任蕴含着一种行为人因犯罪行为而接受刑事处罚的可能性，现实的刑事处罚也仅是这种可能性的转化，而不是刑事责任本身②。

否定评价说之下的刑事责任概念探讨不仅仅是在解读刑法广泛使用刑事责任这一现象。这种将刑事责任视为价值评价本身的做法实际上已突破形而下的现象描述，而触及刑事责任的本质进入责任理论的形而上范畴。

5. 法律关系说

法律关系说与法律义务说都是将刑事责任放置在因犯罪而形成的犯罪行为人与国家之间的刑事法律关系之中去理解刑事责任的概念。但不同于法律义务说的直接将刑事责任与刑法义务相等同，法律关系说不将刑事责任视为刑事法律关系的构成要素（刑法义务），而将其视为刑事法律关系的体现。例如，其把刑事责任定义为：犯罪人因实施犯罪行为而形成的与国家之间的一种以权利与义务为内容的刑事法律关系，并且是包括刑法、刑事诉讼法、刑罚执行法等在内的刑事法律关系的总和③。从刑事法律关系的角度解读刑事责任，有两个方面的原因。其一，刑事责任并非法律后果说、法律义务说、法律地位说以及否定评价说所认为的具有独立概念的

---

① 高铭暄、王作富：《新中国刑法的理论与实践》，河北人民出版社，1988，第156页。
② 曲新久：《论刑事责任的概念及其本质》，《政法论坛》1994年第1期。
③ 杨春洗、杨敦先：《中国刑法论》，北京大学出版社，1994，第162页。

意义，其既不是犯罪的刑法后果，也不是介于犯罪与刑罚之间的一种评价状态或者评价本身，其就是犯罪与刑罚。犯罪是刑事责任的内在根据，刑罚是刑事责任的外在体现，将刑事责任偏向于犯罪或者刑罚中的任何一方都没有揭示出刑事责任的概念本质。其二，刑事责任也不是犯罪的后果事实或者对犯罪事实的评价这种在逻辑上得出后于犯罪产生的时间存在状态，刑事责任应当是与犯罪同时产生的，否则无法解释司法实践中在最终确定犯罪人的刑罚处罚之前，犯罪嫌疑人就已经进入刑事追诉程序之中[①]。最终，只有将刑事责任视为包含犯罪与刑罚的刑事法律关系本身，才能准确揭露刑事责任的概念本质。

不赋予刑事责任具体内涵，而将其视为刑事法律关系的做法相较于其他刑事责任概念理论有极大的理论突破意义。但将具有刑事法律关系内涵的刑事责任概念代入到《刑法》条文中去，其语义可能与法条所要表达的刑事责任并不一致。此外，其概念论述本身也存在逻辑矛盾。例如，法律关系说不认为刑事责任介于犯罪与刑罚之间，但是同时又认为犯罪是刑事责任的内在根据，刑罚是刑事责任的外在体现。这事实上仍然将刑事责任置于犯罪与刑罚的中间地带。相较于其他学说在概括刑事责任的概念时可能面临的片面性批评，法律关系说更可能受到作为刑事责任概念合理与否的质疑。

（二）刑事责任的根据理论

在讨论刑事责任根据的场合，国内学者大多会有意识地区别"刑事责任的根据"与"刑事责任的本质"两个概念——从形式上将"以什么为前提让行为人负担刑事责任"作为刑事责任的根据，将"统治阶级出于什么考虑而追究行为人的刑事责任"作为刑事责任的本质[②]。或许在法理学范畴或在哲学范畴讨论本质和根据有其必要意义，但是在刑法学范畴内区分刑事责任的根据与本质实无必要。一方面，刑事责任的本质或者根据实际上指向的都是责任的来源问题，而在刑法范畴内讨论责任的来源必然需要

---

① 李居全：《刑事责任比较研究》，《法学评论》2000年第2期。
② 王晨：《刑事责任的一般理论》，武汉大学出版社，1998，第150页。

在整个规范体系内进行,即使是将统治阶级意志视为刑事责任的本质,要将其实现也必然需要通过规范的法的形式,二者在法的表达层面其实是一致的。正因如此,即使是强调刑事责任的本质与根据存在区别的学者,在实际的探讨之中仍然将二者混用。例如,在德日刑法理论中被视为责任本质学说的道义责任论、社会责任论、规范责任论,在讨论刑事责任的根据时,仍被视为刑事责任根据的学说[①]。另一方面,我国学者在刑事责任专题讨论场合,多就刑事责任的根据展开论述,而较少体系性地梳理刑事责任的本质,而从研究惯性的延续上来说,也无必要再区分刑事责任的本质与根据。

具体到刑事责任根据的理论探讨上,我国学界在吸收借鉴苏俄刑法理论和大陆法系刑法理论的基础上,结合本土实践,大致形成了犯罪构成唯一根据说、罪过说、犯罪行为说、社会危害性说以及哲学与法学根据说等学说观点。

1. 犯罪构成唯一根据说

将刑事责任的根据归于犯罪构成,是我国刑法理论对苏俄刑法中的刑事责任理论直接引入的结果。苏俄刑法理论认为,既然犯罪构成是刑法规定的描述具有社会危害性特征的诸要件的总和,那么犯罪构成就是刑事责任的唯一根据[②]。犯罪构成是刑事责任唯一根据这一理论公式,在苏俄刑法语境之下存在两个层面的基本内涵。其一,此处的犯罪构成与大陆法系刑法阶层论之下的作为犯罪最终成立的第一层的构成要件符合性不同。苏俄刑法体系之下的犯罪构成指的是成立犯罪的一切条件的总和。其二,苏俄刑法在批判德国刑法的阶层式犯罪论体系的基础上,构建起主客观相统一的要件式犯罪论体系,将有责性从犯罪成立条件中驱逐出去,使得在大陆法系中属于主观范畴的责任本质在苏俄刑法语境之下不成立。即使在犯罪构成要件中仍然存在以罪过为内容的主观要件,也不能说此时作为刑事

[①] 徐立:《刑事责任根据论》,中国法制出版社,2006,第120-128页。

[②] А. Н. 特拉伊宁:《犯罪构成的一般学说》,薛秉忠、卢佑先、王作富、沈其昌中译,中国人民大学出版社,1958,第15-16页。

责任根据的犯罪构成本身是主观的①。

这种将犯罪构成视为刑事责任唯一根据的理论观点在当前国内学界鲜有支持,批判观点众多,此处不一一展开。就刑事责任根据探讨"行为人因何负担刑事责任"这一问题而言,把刑事责任的根据归于犯罪构成作为对此问题的回答仅仅停留在表面,这与在刑事责任概念探讨层面将刑事责任与刑罚处罚或者刑法后果等同并无任何区别。四要件体系之下,犯罪构成要件满足意味着犯罪成立,犯罪成立而行为人承担刑事责任。行为人因其行为符合犯罪构成要件而承担相应的刑事责任,这种对刑事责任来源的回答只停留在表层的违反刑法规范,仍然存在为何部分符合犯罪构成的行为其行为人并未承担刑事责任,以及行为人为何要对符合犯罪构成的行为负刑事责任的追问。从这个角度来说,将刑事责任的根据归于犯罪构成依然只是停留在表层的刑事责任概念阐述。

2. 罪过说

罪过说以及罪过概念同样来自苏俄刑法理论。苏俄刑法理论不仅把犯罪主观方面的犯罪故意与犯罪过失这类主观恶意统称为罪过,有时也将行为人自身因素和主观因素的总和理解为罪过,而不仅局限于犯罪主观方面②。由此,将刑事责任的根据归于罪过,也即是说,行为人负担刑事责任的根据是行为人在实施犯罪行为中具有的罪过,并且这里的"罪过"既包括属于犯罪构成的情节,也包括量刑时应当加以考虑的能够说明行为人个人情况的情节③。此种理论的直接立论基础来源于刑法规定和司法实务中行为人的主观意识往往与刑事责任的成立、减轻与加重直接相关,比如主犯、累犯从重,自首、立功从轻,以及年龄、精神状况、身体健康程度影响刑事责任能力等④。罪过说在其原生的苏俄刑法理论体系内并未得到

---

① 陈兴良:《从刑事责任理论到责任主义:一个学术史的考察》,《清华法学》2009年第2期。
② 徐立:《刑事责任根据论》,中国法制出版社,2006,第152页。
③ A. A. 皮昂特科夫斯基:《苏联刑法科学史》,曹子丹,张广贤,马改秀,王扬中译,法律出版社,1984,第49页。
④ 王晨:《刑事责任的一般理论》,武汉大学出版社,1998,第161页。

太多的倡导，且因其将刑事责任根据放置在主观范畴内，反而受到了唯心主义之下主观任意归罪的资产阶级刑法的政治性批评①。

从政治的角度否定学术观点的妥当性暂不讨论，将刑事责任的根据归于罪过的最大问题在于与四要件犯罪构成体系不兼容。罪过作为犯罪构成要件的主观方面，同时又被视为刑事责任的根据，直接带来作为犯罪构成要件要素的罪过与作为刑事责任根据的罪过二者的区分问题。如果按照苏俄学者主张的，作为犯罪构成要素的罪过是指刑法分则对具体犯罪构成要素的故意和过失规定，而作为刑事责任根据的罪过是刑法总则关于故意犯罪和过失犯罪的规定②，那么就将颠覆通常认知的刑法总则与分则之间抽象与具体关系。如果按照我国学者对罪过说之下罪过区分的解读，作为构成要件要素的罪过与作为刑事责任根据的罪过分别对应心理事实意义上的罪过（故意和过失）与规范评价意义上的罪过（故意和过失），实际上已经偏向受到苏俄刑法批判的德国阶层式犯罪论体系区分不法与责任③，与作为刑事责任理论存在基础的四要件犯罪构成体系存在根本矛盾④。

3. 犯罪行为说

《苏联和各加盟共和国刑事立法纲要》以及后来的《俄罗斯联邦刑法典》都明确规定，刑事责任的根据在于刑法规定的危害社会或者符合犯罪构成的行为⑤。因此，将犯罪行为视为刑事责任的根据在苏联以及之后的俄罗斯刑法学界内存在一定的影响力，并且影响了我国学界。首先，犯罪

---

① А. А. 皮昂特科夫斯基：《社会主义法制的巩固与犯罪构成学说的基本问题》，载中国人民大学刑法教研室编译《苏维埃刑法论文选译》第 1 辑，中国人民大学出版社，1955，第 77 页。

② А. Н. 特拉伊宁：《犯罪构成的一般学说》，薛秉忠、卢佑先、王作富、沈其昌中译，中国人民大学出版社，1958，第 192-193 页。

③ 作为主观违法要素的故意和过失，作为责任要素的故意和过失。

④ 陈兴良：《从刑事责任理论到责任主义：一个学术史的考察》，《清华法学》2009 年第 2 期。

⑤ 《苏联和各加盟共和国刑事立法纲要》第 3 条规定，只有犯罪人，即故意或过失地实施刑法所规定的危害社会行为的人，才应承担刑事责任，并受惩罚；《俄罗斯联邦刑法典》第 8 条规定，刑事责任的根据是实施含有本法典所规定的全部犯罪要件的行为。

行为说以行为本身作为刑事责任的根据，契合马克思主义所认为的行为才是法律的对象，法律也应以行为为标准而非当事人的思想①，在苏联刑法理论环境内属于政治正确。其次，无论是苏联刑法或者之后的俄罗斯联邦刑法，还是我国刑法，法典条文中有关刑事责任的原则性规定都是与行为直接相联系的。最后，即使是犯罪构成要件，根本上也是对犯罪行为的规范描述，仍然可以将犯罪构成视为刑事责任的根据，并将这种根据进一步延伸到犯罪行为这一层次。

但是，如同犯罪构成唯一根据对于刑事责任的根据探讨仍然停留在表层的概念描述上一样，犯罪行为说实际上也并没有回答什么是刑事责任根据这一问题。现代刑法惩罚的是人的行为而非主观思想这一基本原则是毋庸置疑的，无论是刑法条文还是对刑法条文进行的理论诠释，根本上都是对行为的评价。将犯罪行为视为刑事责任的根据，混淆了评价对象和评价根据。也正如我国学者对犯罪行为说的评价：将作为社会现象的犯罪视为刑事责任的基础，并未揭示犯罪与刑事责任之间内在联系的根据②。

4. 社会危害性说

社会危害性说将刑事责任的根据归于犯罪的社会危害性。有学者认为该学说由我国学者提出③，但实际上苏联刑法理论中也同样存在有关该学说观点的论述，只不过苏联学者并未明确提出刑事责任的根据为犯罪的社会危害性，而是认为仅具有形式上的犯罪构成但没有社会危害性并不能作为刑事责任的根据④。我国学者在此理论基础上进一步提出，刑事责任的根据只能是犯罪的社会危害性⑤。社会危害性说主要是从犯罪的本质属性去寻找刑事责任的根据，当我国《刑法》第 13 条将犯罪的本质属性规定

---

① 中共中央马克思恩格斯列宁斯大林著作编译局：《马克思恩格斯全集》第 1 卷，人民出版社，2016，第 16-18 页。
② 张文等：《刑事责任要义》，北京大学出版社，1997，第 158 页。
③ 高铭暄、马克昌：《刑法学》，北京大学出版社，高等教育出版社，2019，第 203 页。
④ 中国人民大学刑法教研室：《苏维埃刑法论文选译》第 3 辑，中国人民大学出版社，1957，第 64 页。
⑤ 刘德法：《论刑事责任的事实根据》，《法学研究》1988 年第 4 期。

为社会危害性时，犯罪行为人承担刑事责任的根据自然也应当是其行为所具有的危害社会的属性。换言之，刑法处罚犯罪行为要求行为人承担刑事责任的原因在于其行为危害社会。并且，从刑法其他条文来看，社会危害性的程度直接影响了刑事责任的有无或者轻重。例如，我国《刑法》第13条但书条款直接规定，具有社会危害性的行为，当其情节显著轻微危害不大时，不认为是犯罪[①]。

"以社会危害性作为犯罪的本质属性"这一理论前提本身，在当前刑法学界就存在诸多争议[②]。即使不讨论社会危害性本身的理论妥当性，仅就社会危害性说的理论构造而言，也难言妥当。社会危害性说根本上还是将刑事责任的根据归于犯罪行为，与犯罪行为本质上没有任何区别，不仅混淆了评价对象和评价根据，也并未回答什么是刑事责任根据这一问题。当面对"为何危害社会的行为要承担刑事责任"的追问时，社会危害性说不仅无法回答这一问题，还引出了"为何存在不管是实质上还是观念上具有社会危害性的行为却并不需要承担刑事责任"的情形。例如，为何违反治安管理处罚法的行为仅需承担行政责任。

5. 哲学与法学根据说

从犯罪构成、罪过、犯罪行为以及社会危害性的角度探寻刑事责任的根据，即使各学说观点差异巨大，也都未超出绝对的刑法范畴。大陆法系刑法理论基本上从哲学上的意志角度来回答"人为什么要对自己的行为负责"这一问题。我国学者借鉴此种研究范式，再结合马克思主义的相对意志自由理论，对犯罪人追究刑事责任的哲学根据在于行为人具有相对的意志自由，能选择非犯罪行为却选择了犯罪行为[③]。但在哲学依据之外，我国学者仍然坚持在刑法范畴内寻找刑事责任的根据，认为刑事责任的法学

[①] 王晨：《刑事责任的一般理论》，武汉大学出版社，1998，第169页。

[②] 例如，有学者认为犯罪的本质属性是违反规范进而造成法益侵害，而非社会危害性（周光权：《刑法总论》，中国人民大学出版社，2021，第6-7页）。

[③] 高铭暄：《论刑事责任》，《中国人民大学学报》1988年第2期。

根据在于行为符合犯罪构成,具体而言,符合刑法规定的犯罪构成。因此,可以说,具有一定的或者严重的社会危害性的客观存在的行为,是刑事责任的法学根据①。进而,刑事责任的哲学根据和法学根据共同构成刑事责任的根据。

将刑事责任的根据归于行为人的相对自由意志,实际上已经偏向大陆法系刑法对责任本质探讨的道义责任论。大陆刑法责任理论中作为犯罪成立判断阶层之一的有责性,其判断内容来自责任本质理论,责任本质体现出的归责判断是在犯罪构成体系之内的。但哲学与法学根据说将刑事责任的哲学依据与作为法学依据的犯罪构成并列,刑事责任应当包含的归责判断仍然在犯罪构成体系之外②。换言之,此时的刑事责任的哲学依据对于犯罪构成要件并无实质意义,但同样的责任理论在大陆法系刑法体系之中却直接影响了责任阶层的塑造,且融于犯罪构成体系之中。此种理论效果差异从根本上体现出大陆法系刑法理论与我国继受自苏联的刑法理论存在的结构性矛盾。

(三) 刑事责任的体系地位

我国的刑事责任理论将刑事责任作为理论意义上的独立实体进行探讨,必然带来刑事责任理论在刑法理论内如何放置的问题,即通常而言的刑事责任的地位问题③。并且,这种研究范式影响较大,即使是全面接受大陆法系刑法的阶层式犯罪体系的学者,都要考虑刑事责任理论在刑法理论体系中如何放置。对于刑事责任的概念理解直接影响到刑事责任在整个刑法理论中的体系安排,而不同的刑事责任理论的体系安排又反过来显示出刑事责任的理论内涵。梳理我国学界对刑事责任体系地位的讨论,大致有"罪—责—刑""罪—责"以及"责—罪—刑"等体系。

---

① 高铭暄、马克昌:《刑法学》,北京大学出版社,高等教育出版社,2019,第205-206页。
② 陈兴良:《从刑事责任理论到责任主义:一个学术史的考察》,《清华法学》2009年第2期。
③ 王晨:《刑事责任的一般理论》,武汉大学出版社,1998,第113-117页。

"罪—责—刑"体系为我国权威刑法教科书①所采纳，可以看作是传统刑法理论对刑事责任体系地位的理解。刑事责任论被放置在犯罪论之后、刑罚论之前，体现出刑事责任作为犯罪与刑罚之间联系纽带的理论地位——一方面，犯罪是刑事责任的事实依据；另一方面，刑罚处罚是刑事责任的表现形式②。"罪—责"体系将刑事责任论与刑罚论合并，体现出将刑事责任与法律后果相等同的实体刑事责任思想。但当前学界持此观点的学者在具体的体系安排上较之以往有所不同，在刑事责任论和刑罚论合并后并不择一使用刑事责任论或者刑罚论，而代之以法律后果论③。以上两种体系对于刑事责任的体系地位安排虽然存在差异，但整体而言都是将其放置在犯罪论之后，属于刑法总论中的一大理论板块。但"责—罪—刑"体系与二者均不同，此种体系将刑事责任视为刑法的核心，是刑法学范畴体系的最上位概念④。由此，在刑法学体系安排上不能把刑事责任论放置在犯罪论之后，也不能将其直接与刑罚论合并，而应当将其放置在犯罪论之前⑤，从形式上体现出刑事责任论在刑法理论体系中的最基础理论地位。

以上三种刑法理论体系，基本上可以概括我国学界对于刑事责任论的体系地位的不同看法。在此之外，虽然仍有其他学者对于刑法结构体系有不同的见解，但应当说不同观点最终呈现出来的结构安排上都未超出以上三种体系范畴。

二、责任主义原则之下的责任理论

与我国刑法理论将刑事责任作为一个单独的理论板块放置在刑法理论

---

① 此处的权威教科书是指全国高校法学课程指定使用的"新时代马克思主义理论研究和建设工程重点教材"中的《刑法学》(《刑法学》编写组:《刑法学》，高等教育出版社，2019)。
② 马克昌:《刑事责任的若干问题》，《郑州大学学报(哲学社会科学版)》1999年第5期。
③ 张明楷:《刑法学》，法律出版社，2021，第659页。
④ 曲新久:《试论刑法学的基本范畴》，《法学研究》1991年第1期。
⑤ 张智辉:《刑事责任通论》，警官教育出版社，1995，第15页。

体系之内不同，以德日刑法理论为代表的大陆法系刑法理论中，与责任有关的概念或者理论并不以独立的刑事责任理论而呈现。概括而言，德日刑法中的责任理论并不如同我国刑法理论中的刑事责任论那样，以独立理论实体而存在，而是在整体上以一种消解在犯罪论体系中作为犯罪成立的一个阶层而呈现的，其所涵盖的具体内容也主要围绕犯罪成立的有责性判断而展开。例如责任排除事由和责任阻却事由对于责任概念本身（包括责任的根据或者本质）的抽象论述，在作为犯罪论一部分的责任理论中并不占据多数①。同时，德日刑法中责任理论是以责任主义原则为基础而建立的②，因此，体系性地梳理德日刑法的责任理论必然要从责任主义原则开始。

（一）责任主义原则之下的责任本质

有危害结果即有责任，而不论行为人主观上是否认识到这种结果的绝对责任，或者说结果责任广泛地存在于欧洲中世纪的法律之中③。同时存在的责任原则还包括伴随着结果责任而产生的团体责任与物体责任。前者是指团体中的其他成员都要因为团体某一成员实施的犯罪而承担责任；后者是指人之外的物体也能成为责任主体④。在中世纪后期欧洲大陆工商业发展促使城市国家兴起的社会背景之下，社会思想领域个人意识被再次唤醒，城市公民以复兴古典文化的方式来寻找一种满足这种社会需求的全新文明⑤。顺应当时的潮流，在刑法领域，人们从罗马法中寻找维护自由和

---

① 埃里克·希尔根多夫：《德国刑法中的责任》，黄笑岩 中译，载梁根林、高艳东、埃里克·希尔根多夫主编《责任理论与责任要素》，北京大学出版社，2020，第3-17页。
② 冯军：《刑法中的责任原则：兼与张明楷教授商榷》，《中外法学》2012年第1期。
③ 陈家林：《外国刑法理论的思潮与流变》，中国人民公安大学出版社、群众出版社，2017，第371-372页。
④ 冯军：《刑法中的责任原则：兼与张明楷教授商榷》，《中外法学》2012年第1期。
⑤ 李中原：《罗马法在中世纪的成长》，《环球法律评论》2006年第1期。

人权的法的精神来反抗严苛的教会刑法①。罗马皇帝哈德连（Hadrian）檄文中的"犯罪行为重在意思，不在结果"，成为欧陆刑法对成立犯罪要求具备责任的责任主义原则的滥觞②。在之后的欧陆刑法发展过程中，责任主义原则被精炼地概括表述为"没有责任就没有刑罚"，其所内含的是不能仅以客观上发生了侵害结果或者侵害危险来处罚行为人，而需要具备责任才能对行为人进行处罚的主观责任原则，以及只能处罚实施了危害行为的个人，而不能将处罚施加于行为人所在团体的个人责任原则。这与结果责任、团体责任以及物体责任相对立。

责任主义之于大陆法系刑法，并非束之高阁的抽象原则，其在作为贯穿刑法全过程的基本原则之外，还直接塑造了犯罪构成的责任阶层。因此，与犯罪构成直接关联的责任原则，必然需要在作为基本原则的责任和作为犯罪成立条件之一的责任两个层面，明确责任的实质内涵。而以上两个层面的责任内涵，应当说就是德日刑法中对责任本质的理论探讨。将非难视为责任本质的大陆法系刑法理论，从责任的非难本质、责任的对象本质以及责任的内容本质这三个方面，对责任非难的深层次内涵展开论述，形成了诸多观点对立的学说理论。

1. 责任的非难本质

大陆法系刑法理论把责任的本质视为非难或者一种非难可能性，但非难本身的概念设定却随着理论的演变而有所不同。首先出现的是道义责任论，此种学说为持旧派刑法理论的学者所主张，将责任非难的本质归结于一种伦理上的负价值道德负担。道义责任论的理论基础为自由意志论，自由意志与责任非难的关系在于人具有决定选择自己行为的意志自由。当行为人能够选择实施其他合法行为时，却选择了实施具备构成要件符合性且违法的行为，此时可以基于自由意志之下的不法行为选择或者对自由的滥

---

① 汪太贤：《论罗马法复兴对近代西方法治理念的奠定》，《现代法学》2000年第6期。
② 许玉秀：《当代刑法思潮》，中国民主法制出版社，2005，第195-196页。

用，对行为人施加道义上负价值非难①。自由意志论作为哲学假设，即使可以被视为刑法教义学上的必要拟制为由，而回避对此种理论的现代科学质疑②，也并不能阻碍其他理论对道义责任论的挑战。

与道义责任论对立存在的是社会责任论，此种学说将责任非难的本质归结于对破坏社会安全行为而采取的必要的社会防卫，为持新派刑法理论立场的学者所主张。社会责任论的理论基础为意思决定论，相对于自由意志论，意思决定论并不认为人具有决定选择自己行为的意志自由，相反，人是素质与环境的产物，所有的行为是被承载素质与环境的社会的整体环境所决定的。因此，不可以自由选择不法行为而对行为人进行道义上的非难，而只能基于社会防卫的需要，将行为人置于保护社会安全而接受社会非难的法律地位③。社会责任论具有无视主观意志与责任内在联系的表象，这使得其可能陷入违背责任主义并滑落到结果责任的境地。但社会责任论仍然坚持，只有行为人实施犯罪行为同时具有故意或者过失的心理事实时，才具有非难可能性，这使得社会责任论并未超出责任主义范畴④。

道义责任论与社会责任论在发展过程中并不一直针锋相对，而是各自都在承认对方理论部分合理性的同时，对自身理论进行一定程度的修正。具体而言，道义责任论论者否定绝对的意志自由，承认人的意志受到素质与环境的制约，但仍然肯定存在相对意志自由。在具有相对意志自由的场合对行为人不法选择或者自由滥用进行道义上的非难，便形成修正的道义责任论。社会责任论论者否定绝对的意志被决定，而提出柔软的意思决定论，承认人的精神在规范心理层面具有意志自由，但仍然坚持人的精神在生理层面是由素质和环境所决定的。认为责任非难根本上还是将行为人置

---

① 张明楷：《外国刑法纲要》，法律出版社，2020，第163页。
② 张明楷：《责任论的基本问题》，《比较法研究》2018年第3期。
③ 陈家林：《外国刑法理论的思潮与流变》，中国人民公安大学出版社、群众出版社，2017，第371页。
④ 张明楷：《外国刑法纲要》，法律出版社，2020，第163页。

于接受社会防卫需求的法律地位,便形成了修正的社会责任论①。

在道义责任论和社会责任论之外,存在另一种较有影响力的观点,即法的责任论。法的责任论并不从人的自由意志存在与否出发探讨责任非难的本质,而是直接基于法的立场,将责任非难的本质归于法律对违反法规范而侵害法益的行为所进行的非难。法的责任论的基本立场与道义责任论和社会责任论均不同,但在具体主张上又与二者均有牵连。一方面,法的责任论认为人的意思受到因果法则的支配,责任的非难本质不是伦理上的道义非难,其区别于道义责任论而更接近社会责任论;另一方面,法的责任论强调存在"他行为可能性"时才能对行为进行非难,鲜明地保留了道义责任论的特质②。从这个角度来说,法的责任论与其说是道义责任论和社会责任论之外的第三种责任本质理论,不如说是对二者的折中。但排斥责任非难的伦理道德色彩而将非难完全归于法的规范判断,使得法的责任论存在能否被视为"非难"的质疑③,而且法规范本身也需要回答因何而在的问题。

2. 责任的对象本质

责任的对象本质则是对"责任非难的对象是什么"这一问题的回答。对此大陆法系刑法理论中存在行为责任论、性格责任论以及人格责任论等学说。

行为责任论将犯罪行为视为责任非难的对象。因此,行为责任论之下,应当受到刑罚处罚的不是犯罪行为人,而是犯罪行为以及指向犯罪行为的意思。同时也就意味着,被置于责任非难地位的不是行为人的性格、人格或者身份,而只能是行为本身。与行为责任论相反,将人的性格或者人格视为责任非难的对象,则形成性格责任论和人格责任论。

性格责任论认为犯罪行为只是行为人所具有的危害社会的性格征表,

---

① 陈家林:《外国刑法理论的思潮与流变》,中国人民公安大学出版社、群众出版社,2017,第371页。
② 同上书,第372页。
③ 曾根威彦、松原芳博:《重点课题刑法总论》,成文堂,2008,第113页。

因此，犯罪行为不能成为责任非难的对象，应当接受处罚的是行为人的危险性格而非行为。性格责任论之下，即使行为人没有实施犯罪行为，也可能因其具备危险性格而承担刑事责任，从而引来违反刑法人权保障原则的质疑。因此这种学说观点被放弃[①]。

人格责任论与性格责任论有所不同，其不是简单地把行为人的人格视为责任非难的对象，而是在将人格视为责任非难对象的同时融入行为责任论的观点。具体而言，人格包括两个部分，一个部分是由素质、环境而决定的，另一个部分则是行为人自身有责地形成的。被素质、环境这部分决定的人格不可非难，但由行为人自身有责形成的人格可以非难[②]。犯罪行为是行为人人格的实现，从这个角度说，责任的第一次基础是犯罪行为；但当人格是行为人有责地形成的时候，在行为责任的背后，还存在对此人格形成而进行非难的责任的第二次基础[③]。在犯罪行为作为责任非难对象之外，还将行为人有责形成的人格作为非难对象的主要目的在于，为刑法针对常习犯而加重刑法处罚寻找理论依据。详言之，犯罪行为以一种常习性表现出来时，原本作为单个行为所承担的责任较轻，但此时由于对造成这样的人格（常习性）的责任也一并追究，所以最终承担的刑罚相较于不具有常习性的单个行为而言更重[④]。不过，人格责任论针对如何区分被宿命决定的人格和行为人有责地形成的人格这一问题难以给出有效标准，以及人格责任论背后的"有责任就有刑罚"的积极责任主义色彩，都使得在强调责任的限制处罚范围功能的现代刑法理论之中，人格责任论的支持者并不多[⑤]。

3. 责任的内容本质

责任主义直接塑造了大陆法系刑法犯罪构成的责任阶层，位于该阶层的有责性判断必然需要充足的判断条件。责任条件与责任本身的要素内容

---

① 张明楷：《刑法的基本立场》，商务印书馆，2019，第252页。
② 张明楷：《外国刑法纲要》，法律出版社，2020，第164页。
③ 山中敬一：《刑法总论》，成文堂，2015，第628页。
④ 山口厚：《刑法总论》，付立庆 中译，中国人民大学出版社，2018，第196页。
⑤ 张明楷：《刑法的基本立场》，商务印书馆，2019，第253-254页。

直接相关。针对责任的要素内容，存在结果责任论、心理责任论和规范责任论，以及新近出现的功能责任论、应答可能性说、商谈责任论等学说。

最早出现责任要素内容的是结果责任论。结果责任论前文有述，其基本观点为只要行为造成了危害结果，无论行为人是否认识到其行为及产生的后果，都需要接受责任非难。因此，结果责任论之下，责任要素的内容不存在任何的主观要素和行为人自身情况，只有行为、危害结果、二者之间存在因果关系（且不论偶然或者必然），行为产生危害结果即责任成立[1]。例如，在古希腊神话俄狄浦斯的故事中，俄狄浦斯在不知拉伊俄斯为其父的情形下杀害了他，即使他并无弑父的故意，仍然要承担弑父的罪名接受神的审判。再如，《唐律疏议》将"过失"解释为"谓耳目所不及，思虑所不到，共举重物力所不制，若乘高履危跌足，及因击禽兽以致杀伤之类"，将意外事件也包括在过失之中。《斗讼律》"诸过失杀伤人者，各依其状，以赎论"，意味着此时主观过失故意与否都不影响犯罪成立[2]。同时也可以看出，虽然结果责任论之下，故意、过失此类主观要素不决定责任的成立与否，但仍然会影响处罚的轻重。

责任主义进入刑法作为基本原则之一以后，将责任非难视为心理事实发展而来的心理责任论，取代了责任判断没有任何主观要素的结果责任论。心理责任论的基本观点为：行为造成的危害结果还不足以处罚行为人，犯罪成立进而实现处罚还需要行为人具备责任能力，同时与犯罪事实之间存在心理联系。因此，心理责任论之下，责任的实体就是行为人的心理关系，并且按照心理事实的类型，进一步将责任形式划分为故意和过失两种。换言之，心理责任论之下，犯罪的成立不仅要求客观的不法侵害存在，还需要行为人在责任能力之外具备故意或者过失等责任要素[3]。虽然心理责任论直接塑造了大陆法系刑法对犯罪的实体是不法与责任这一认

---

[1] 蔡枢衡：《中国刑法史》，广西人民出版社，1983，第186页。
[2] 冯军：《刑法中的责任原则：兼与张明楷教授商榷》，《中外法学》2012年第1期。
[3] 张明楷：《责任论的基本问题》，《比较法研究》2018年第3期。

知，但是心理责任论将责任理解为心理事实，一方面使得责任理论仍然要纠缠于人是否具有意志自由这一难以回答的问题①，另一方面也无法继续适应当前刑法理论发展阶段。过失与故意事实上已经从心理事实转向以评价为核心的规范事实。例如，过失上更重要的问题在于义务违反的判断，故意上更重要的问题在于"认识到而未做到"的判断②。最终，心理责任论逐渐为规范责任论所代替。

规范责任论并非是对心理责任论的否定，而是责任理论在心理责任论基础上的新发展。具体而言，规范责任论认为不能完全将责任视为心理事实，而要在法律规范的关系上把握责任。具体而言，在进行有责性判断时，仅具有故意、过失、责任能力是不够的，责任非难的成立还需要行为人在行为时存在实施其他合法行为的期待可能性。换言之，如果行为人在行为时没有实施其他合法行为的可能性时，即使实施了违法行为，也不能进行责任非难③。规范责任论之下，存在即使有责任能力的行为人具备故意或者过失时，仍因不具有期待可能性而不成立犯罪的情形。此外，如果将责任视为一种规范意义上的非难可能性，那么作为规范评价要素的违法性认识（对规范本身的认识），自然也应当是责任的内容要素④。不过，最终能否将责任能力、故意、过失等心理事实要素与违法性认识、期待可能性等规范评价要素一同视为责任要素的内容，也存在争议。例如，有学者认为责任概念只应存在规范评价意义上的可谴责性，应将心理事实从责任内容中驱逐出去⑤。如此，则意味着责任只存在违法性认识、期待可能性等要素内容，规范责任论完成了对心理责任论的取代。

---

① 乌尔斯·金德霍伊泽尔：《刑法总论教科书》，蔡桂生 中译，北京大学出版社，2015，第 210 页。
② 前田雅英：《刑法总论讲义》，曾文科 中译，北京大学出版社，2017，第 132-133 页。
③ 陈家林：《外国刑法理论的思潮与流变》，中国人民公安大学出版社、群众出版社，2017，第 374-375 页。
④ 山口厚：《刑法总论》，付立庆 中译，中国人民大学出版社，2018，第 195 页。
⑤ 汉斯·韦尔策尔：《目的行为论导论》，陈璇 中译，中国人民大学出版社，2015，第 55-56 页。

规范责任论虽然可以说是德日刑法中的通说理论，在我国也有多数支持者，但这并不意味着有关责任要素内容的理论发展到此为止，相反，在规范责任论的基础上进一步产生了功能责任论（或者被称为机能责任论）。功能责任论在责任的要素内容中加入了刑罚一般预防目的的思考。具体而言，如果按照一般预防的目的，某个行为破坏了社会对法的忠诚预期，从而有必要处罚的，那么此时就存在责任非难，进而将责任的实质归结于行为人欠缺对法规范的忠诚①。功能责任论将责任与预防等同，那么在责任要素的内容上，行为人主观上的意志构成具体情况并不重要，责任成立与否关键在于社会是否因不法行为产生了明显的法忠诚的缺失②。功能责任论对于责任的认知仍然基于规范评价的角度，因此可以说功能责任论是对规范责任论的发展。同时，功能责任论强调从积极的一般预防的目的出发，发挥责任的社会功能服务于责任的预防目的。从这个角度说，功能责任论又是功能性的。但是，功能责任论将责任的要素从原本与行为之下个人心理直接相关的内容转变为因行为而引发的社会大众对法的忠诚预期减少而与社会心理直接相关的内容。又因为这种社会心理的判断与实质内容欠缺，导致原本确定的责任判断的实体内容缺失，必须要交由司法裁量，进而背离责任主义原则③。

在以心理事实的规范评价为内容的责任之中，加入功能责任论的预防目的思考，则形成了应答可能性说。具体而言，当行为人能够应答规范的号召，具有控制能力，具有实施合法行为的可能性时却实现了不法，责任成立；但如果不存在预防必要性，则责任不成立。例如，精神病人或者不具有违法性认识的人未遵守规范，并不会降低社会公众对法的忠诚预期，不具有一般预防必要性，从而阻却责任④。应当说，应答可能性说之下的

---

① 张明楷：《外国刑法纲要》，法律出版社，2020，第166页。
② 王钰：《功能责任论中责任和预防的概念：兼与冯军教授商榷》，《中外法学》2015年第4期。
③ 克劳斯·罗克辛：《德国刑法学总论》第1卷，王世洲 中译，法律出版社，2015，第567-568页。
④ 同上书，第570-571页。

责任要素内容并未脱离规范责任论,只是此时的责任阻却事由是与一般预防必要性直接相关的,原本的责任内容与预防必要性共同构成了责任实体。

从规范责任论到功能责任论再到应答可能性说,可以看出,责任的要素内容在当前刑法发展阶段,基本上都未脱离法规范评价的范畴。因此,责任内容的本质还涉及"为何责任的内容是规范评价的结果"这一问题,即规范意义上的合法与责任成立之间存在什么关系。基于对这个问题的回答,产生了商谈责任论。商谈责任论认为,现代民主社会,行为人不仅是规范评价的接受者,同时也是其所破坏的规范的缔造者。行为人作为规范的缔造者,规范本身就是其与社会公众达成的商谈结果,行为人实施犯罪行为实际上就是背离了规范,破坏了与社会公众对规范的共同理解,不诚实于商谈结果①。换言之,商谈责任论从社会契约论的基本精神出发,将责任视为行为人对作为社会契约的法规范的背反。以合法的规范评价责任要素内容本身也并未超出行为人的主观范畴,责任与规范之间在此意义上存在内在联系,进而弥补上了以上责任理论中规范与责任本身之间的空缺。

(二)责任主义原则之下的责任要素

从责任理论内部以及与责任本质相关的学说可以看出,在犯罪构成的责任阶层中需要考虑哪些内容并不存在一个绝对统一的认识,但这并不意味着对于责任要素无法进行讨论,至少在责任能力、故意、过失、违法性认识以及期待可能性等要素属于应当在责任阶层考虑的内容这一观点上存在相对共识。只不过,持不同责任论观点的学者对于以上要素的实质内涵以及各要素之间的相互关系存在不同看法②。

1. 责任能力

责任能力就是行为人所具备的对自己的行为承担责任非难的能力。当

---

① 乌尔斯·金德霍伊泽尔:《刑法总论教科书》,蔡桂生 中译,北京大学出版社,2015,第211页。
② 张明楷:《外国刑法纲要》,法律出版社,2020,第168-169页。

行为人不具备责任能力时，即使其行为符合构成要件且违法，但因其不具备责任能力而阻却责任，最终也不能成立犯罪。各国刑法通常并不直接规定犯罪成立的要求是行为人具备责任能力，而是通过负面列举无责任能力和限定责任能力的具体情形来反面表达出犯罪成立行为人应当具备责任能力。由此，引出两个问题。第一个问题，责任能力是责任的前提还是责任的要素之一。当行为人不具有责任能力时，其他的诸如故意过失之内的责任要素则无须考虑，直接不成立犯罪。从这个角度说，责任能力作为一般的人格能力直接决定了先于一般责任要素考察的地位，进而直接关系到一般责任要素是否有必要考察，因此应当将责任能力视为责任的前提。但存在仅影响非难可能性强弱而不决定非难可能性有无的限定责任能力，这使得责任能力事实上又作为一般的责任要素之一，与其他责任要素共同决定责任成立与否。无论是作为责任前提的责任能力，还是作为责任要素之一的责任能力，在实务层面都是责任成立的要件之一，而将这个问题的意义止于责任要素内容之间的理论逻辑自洽，并不具有更多的实际价值①。第二个问题，如何确定区分有无责任能力以及限定责任能力的标准。责任能力的具体内容是对自己行为的辨认和控制能力，那么责任能力的判断标准自然是在生物学的精神健康判断基础上再辅以心理学考察②。即使这种基于生物学和心理学的责任能力判断标准因进一步接受规范的评价而在观念上变得不确定，但在判断精神病人责任能力的场合基本上能够以客观实在的判断对象出现来接受规范的进一步评价。换言之，基于生物学和心理学的责任能力判断标准，作为责任能力的规范评价对象本身是确定的。而在未成年人责任能力的判断场合，未成年人责任能力通常由法律确定，这时就存在与精神病人责任能力判断相反的情形，即此时责任能力的判断标准（年龄）是确定的，但是这种标准所依据的应当存在（但不一定真实存在）

---

① 陈家林：《外国刑法理论的思潮与流变》，中国人民公安大学出版社、群众出版社，2017，第379-380页。

② 山口厚：《刑法总论》，付立庆 中译，中国人民大学出版社，2018，第269-270页。

的基础是不确定的,这使得责任年龄这一责任能力判断标准本身更倾向于一种大众模糊认知基础上的法律拟制,也就难免出现不断接受实践冲击的现实。

与责任能力有关的理论还有原因自由行为理论。原因自由行为,是指原本有责任能力的行为人在丧失责任能力的状态下实施了符合构成要件的行为,而对于是否陷入丧失责任能力的状态,行为人原本可以自由决定。按照责任主义原则的"行为与责任同时存在"要求,对于行为时不具有责任能力的原因自由行为,因责任阻却而不成立犯罪。但当前德日等主流大陆法系国家刑法都通过司法判例或者明文立法的方式,肯定行为人故意或者过失使自己陷入丧失责任能力状态而实施符合构成要件的行为的可罚性①,而将原因自由行为的理论讨论导向其可罚性的论证。进而,针对原因自由行为的可罚性,产生了包括间接正犯类似说、原因行为时支配可能性说、意思决定行为时责任说、正犯行为时责任说、相当原因时责任说以及例外说等理论观点。

2. 故意与过失

故意与过失通常以"处罚故意犯为原则,处罚过失犯为例外"② 这种处罚原则规定的形式存在于大陆法系刑法规范中,但不同于我国刑法在规定故意犯罪和过失犯罪的同时明确规定故意与过失的概念③,大陆法系国家刑法一般都未规定故意与过失的概念,这使得对故意与过失概念的讨论成为理论讨论的首要问题。在故意概念的讨论中,存在多种理论观点,整体而言,并未超出认识因素与意志因素的内容范围,也即对构成要件事实的认识,以及认识到构成要件事实之后对实现这种事实的决意④。在作为

---

① 张明楷:《外国刑法纲要》,法律出版社,2020,第178-180页。
② 例如,德国《刑法》第15条,"本法只处罚故意行为,但明文规定处罚过失行为的除外"。
③ 我国《刑法》第14条第1款,"明知自己的行为会发生危害社会的结果,并且希望或者放任这种结果发生,因而构成犯罪的,是故意犯罪";第15条第1款,"应当预见的自己的行为可能发生危害社会的结果,因为疏忽大意而没有预见,或者已经预见而轻信能够避免,以致发生这种结果的,是过失犯罪"。
④ 张明楷:《外国刑法纲要》,法律出版社,2020,第181-182页。

意志因素的对构成要件事实实现决意上，通说观点将对构成要件事实实现的积极与容忍都视为故意的意志因素，而将争议重点集中在对构成要件事实认识的认识因素上。例如，是否需要认识构成要件结果、因果关系、行为主体等要素。在过失概念讨论上，虽然也能将过失的内容分为认识因素和意志因素两个部分，但与故意作为确定事实而存在的客观形象不同，过失的法形象更倾向于作为一种对确定事实（无故意而又需要承担责任）的评价结果，这使得过失的概念表述重点并不在于具体的事实内容，而在于这种评价标准。因此，过失的概念往往通过确定一种评价标准而表达出来。例如，多数学者在过失概念的表述时将表述重点放在注意义务的违反上①。

在当前大陆法系刑法理论中，故意与过失单纯属于责任要素并非绝对无疑的，这种疑问使得故意与过失在犯罪构成的阶层体系中的地位问题成为理论讨论的基础问题。此处主要涉及行为无价值与结果无价值的对立，通说的二元的行为无价值论肯定主观的违法要素，故意与过失既存在于违法阶层也存在于责任阶层，兼具违法要素与责任要素双重属性，由此引出了作为构成要件事实的故意与过失和作为责任要素的故意与过失的区分问题。结果无价值论否定主观的违法要素，故意与过失只是责任要素②。但这并不意味着故意与过失在阶层归属问题上是同进退的，二者可能分属不同的阶层。例如，在德国刑法理论中，目的行为论之下故意可以成为构成要件要素，但过失仍然停留在有责阶层③。

故意与过失的概念讨论并不足以提供实务判断二者成立的理论支撑，由此故意与过失认定标准问题成为理论探讨的重要问题。虽然有关故意内容的讨论基本上都在认识因素与意志因素范围内，但在故意的认定标准上存在认识说与意志说的争论。认识说主张只要对构成要件事实有认识就成

---

① 陈家林：《外国刑法理论的思潮与流变》，中国人民公安大学出版社、群众出版社，2017，第221页。
② 周光权：《刑法总论》，中国人民大学出版社，2021，第141-142页。
③ 张明楷：《外国刑法纲要》，法律出版社，2020，第201页。

立故意,而围绕认识的程度存在可能性说和盖然性说的争论。意志说主张意欲实现构成要件事实成立故意,根据意欲实现的不同程度形成希望说和容忍说。在认识说和意志说之外,还出现了不以行为人主观心理而以行为本身的客观风险来证明行为人故意成立的风险说①。过失理论的展开围绕过失的内容本质进行,形成了以结果预见可能性为中心的旧过失论,以具体的结果回避义务为中心的新过失论,以及虽然仍然以结果回避义务为中心,但对于作为回避前提的预见结果不要求具体而具有不安感即可的新新过失论等学说②。

3. 违法性认识

违法性认识是指行为人认识到自己的行为是被法律所禁止的,其衍生自现代社会法律规范庞杂却要求行为人认识到所有规范,因"蛮不讲理"而违背责任主义原则的观点③。如同责任能力一样,大陆法系国家在刑法中规定有违法性认识的,并不直接规定犯罪成立需要行为人具有违法性认识,而是反面规定不具有违法性认识的,不具有责任或者减轻责任④。但并非所有大陆法系国家刑法均有违法性认识条款,例如我国刑法,以及虽然规定有违法性认识条款,但并不能当然得出犯罪成立应当具备违法性认识的结论的日本刑法⑤。对于违法性认识的理论探讨在两个层面展开且各自存在不同观点。第一个层面,围绕违法性认识是否为犯罪成立所必要,而存在不要说和必要说的对立。传统不要说以普遍的知法推定或者法不必然公开为理论根据,明显违背责任主义原则,因此为现代刑法理论所放弃。也有学者主张将违法性认识问题放置在期待可能性领域解决,使得违

---

① 陈兴良:《刑法中的故意及其构造》,《法治研究》2010 年第 6 期。
② 前田雅英:《刑法总论讲义》,曾文科 中译,北京大学出版社,2017,第 178-184 页。
③ 周光权:《违法性认识不是故意的要素》,《中国法学》2006 年第 1 期。
④ 例如,德国《刑法》第 17 条,"行为人行为时没有认识其违法性,如该错误认识不可避免,则对其行为不负责任。如该错误认识可以避免,则依第 49 条第 1 款减轻处罚"。
⑤ 例如,日本《刑法》第 38 条第 3 款,"即使不知法律,也不能据此认为没有犯罪的故意,但可以根据情节减轻刑罚"。

法性认识是否必要这一问题上倾向于不要说①。主张违法性认识必要说的学者并非单纯回答犯罪成立为何需要违法性认识，而是通过讨论其所处的理论地位来间接回答为何违法性认识必要。进而，将违法性认识的讨论推向第二个层面，即违法性认识在责任论中的地位问题。对此，存在两种观点：一种观点认为违法性认识属于故意的要素，另一种观点认为违法性认识属于独立的责任要素。对于前者，又存在三种理论分歧：其一，严格故意说认为故意的成立必须存在违法性认识；其二，自然犯、法定犯区别说主张在自然犯中违法性认识不是故意的要素，而存在于法定犯中；其三，限制故意说认为违法性认识本身不是故意的要素，但不具有违法性认识可能性时，阻却故意成立②。后者将违法性认识视为独立的责任要素，其基本立场为符合构成要件且违法的行为，当行为人不具有违法性认识可能性时阻却责任，不成立犯罪③。

4. 期待可能性

期待可能性，是指根据具体情况，有能够期待行为人不实施违法行为而实施其他合法行为的可能性。而期待可能性理论的基本观点为，当行为人不具有此种期待可能性时，不能进行责任非难，进而不成立犯罪④。从期待可能性理论的基本观点可以看出其与规范责任论的密切关系，应当说，期待可能性理论的产生以及进入责任理论标志着责任理论从心理责任论转向规范责任论⑤。期待可能性理论在其原生地德国受到冷落，以及虽然在日本理论界影响较大却在司法实务中日渐式微的理论发展现状，使得期待可能性相较于其他责任要素理论而言具有更多的争议⑥。

---

① 前田雅英：《刑法总论讲义》，曾文科 中译，北京大学出版社，2017，第262-263页。
② 张明楷：《外国刑法纲要》，法律出版社，2020，第214-215页。
③ 周光权：《违法性认识不是故意的要素》，《中国法学》2006年第1期。
④ 弗兰茨·冯·李斯特：《德国刑法教科书》，徐久生 中译，法律出版社，2006，第311页。
⑤ 钱叶六：《期待可能性理论的引入及限定性适用》，《法学研究》2015年第6期。
⑥ 劳东燕：《罪责的客观化与期待可能性理论的命运》，《现代法学》2008年第5期。

期待可能性理论的争议主要体现在以下三个方面。首先，期待可能性理论属于法律规定的责任阻却事由，还是一般的超法规的责任阻却事由？德国刑法规定因慌乱、恐惧、惊吓而防卫过当，不负刑事责任①。理论上，出于避免期待可能性无限适用而导致刑罚弹性过大的考量，在通说主张没有明文规定的情况下，期待可能性欠缺不能阻却责任。日本理论通说认为，作为规范责任论基础的期待可能性思想应当以超法规的责任阻却事由存在，缺乏期待可能性一律阻却责任，而无论刑法是否规定②。但从当前理论发展现状来看，在不同国家的刑法语境下，期待可能性在理论与实务中均有不同程度的错位。具体而言，虽然在德国刑法中期待可能性属于法定责任阻却事由，但德国刑法理论更加重视期待可能性在理论层面的标准建立，重视其责任阻却的实质内涵，而不机械地将其视为刑法条款。而在日本刑法理论中，期待可能性作为超法规的责任阻却事由居强势地位，但日本刑法实务中期待可能性理论从未成为实务主流观点，且与实践渐行渐远③。其次，缺乏期待可能性可以阻却责任，但期待可能性在责任论中处于何种地位，是故意、过失的构成要素，还是独立的责任要素？认为期待可能性是故意、过失的构成要素，则意味着缺乏期待可能性阻却故意、过失，进而阻却责任。但此种观点从期待可能性责任非难本质的角度，将其与故意、过失相联结④，缺乏与故意、过失本身更直接的结构性融合。认为期待可能性是独立的责任要素又存在两种观点：一种观点认为期待可能性与故意、过失相并列，但此种观点导致即使是个案判断也需要证明期待可能性存在，这与司法实务不符；另一种观点仍将期待可能性视为独立的责任要素，然而是例外的责任要素。具体而言，存在责任能力、故意或过

---

① 德国《刑法》第33条，"防卫人由于慌乱、恐惧、惊吓而防卫过当的，不负刑事责任"。
② 张明楷：《外国刑法纲要》，法律出版社，2020，第221-222页。
③ 刘艳红：《调节性刑罚恕免事由：期待可能性理论的功能定位》，《中国法学》2009年第4期。
④ 陈家林：《外国刑法理论的思潮与流变》，中国人民公安大学出版社、群众出版社，2017，第406-407页。

失,推定责任存在,但缺乏期待可能性时,阻却责任[1]。最后,以何种标准能够判断行为人不实施违法行为而实施其他合法行为的可能性?在此问题上,存在行为人标准说、平均人标准说以及法规范标准说等学说。以行为人在行为时其自身的具体情况为标准判断期待可能性存在与否,为行为人标准说;将平均人或者说通常人放置在行为人的立场判断期待可能性存在与否,为平均人标准说;以确定具体的法规范或法秩序来判断期待可能性存在与否,为法规范标准说[2]。从期待可能性判断标准的学说发展来看,以某种绝对客观或者绝对主观的标准判断行为人是否具有期待可能性的尝试都存在问题。基于期待可能性的一般原理,在客观与主观、事实与规范之间保持期待判断的动态平衡或许更为可取。

---

[1] 大塚仁:《刑法概说(总论)》,冯军 中译,中国人民大学出版社,2003,第405-406页。

[2] 张明楷:《外国刑法纲要》,法律出版社,2020,第223页。

第二节 责任理论的中国课题

一、刑事责任的理论转向

仅就我国刑法中的刑事责任理论而言,其理论成果不可谓不丰富,整体理论也能自成体系。但是,以20世纪90年代后期为节点,学界对刑法中责任相关理论的关注由刑事责任理论转向大陆法系刑法中的责任理论,在80年代讨论热烈的刑事责任理论迅速转冷,虽不至于被放弃,但在逐渐向德日刑法理论靠近的当下,此种刑事责任理论研究范式确实少有论及。当然,传统刑事责任理论的境遇变化受多种因素的影响,既有社会政治环境变化传导到学术领域的原因,也有理论自身的发展规律。而在刑法学领域探讨刑事责任理论的此种转向,更应当关注的是传统刑事责任理论之于刑法学意义何在。传统刑事责任理论为学界冷落,更直接的原因应当是如我国学者而言的,传统刑法理论对于刑事责任黑格尔式的思辨探讨,使得刑事责任理论与刑法规范和司法实务脱离,理论成果最终也并未沉淀为我国的本土刑法教义学[①]。

首先,传统刑事责任理论中的观点对立并非真正的对立,理论争论更加类似于从不同角度对同一事物进行的停留在表层的现象描述。以刑事责任的概念讨论为例,"责任"一词在我国法律用语场合,其含义基本为义务、过错、处罚,在使用责任的语句中大多可以以上词语进行替换[②],同时,法律规范作为行为规范代表着对行为进行价值评价,而行为为行为主

[①] 车浩:《责任理论的中国蜕变:一个学术史视角的考察》,《政法论坛》2018年第3期。
[②] 冯军:《刑事责任论》,社会科学文献出版社,2017,第13页。

体做出，这种价值评价将行为主体置于法律关系之中并赋予其一定的法律地位。由此，刑事责任的概念存在于客观实体和价值评价两个层面，刑事责任是违反刑法的法律后果或者因违反刑法而应当承担的刑法义务，而这种法律后果或者法律义务的引起本身就是一种法律评价，这种法律评价是在刑法范围内对犯罪行为进行的刑法评价，行为人承担刑罚处罚的刑法评价结果又意味着将行为人置于接受刑罚处罚的法律地位。换言之，法律后果、法律义务、法律地位、否定评价以及刑事法律关系都应当包括在刑事责任的概念内涵之中。那么，对于刑事责任概念的多种学说争论根本上都不是对立的，单纯采取某一种学说断定刑事责任的概念都是片面的。至少在我国刑法语境之下，刑事责任的概念应当是立体全面的，既是犯罪行为的刑法后果，也彰显了刑法对犯罪行为的否定评价状态，还是刑事法律关系的直接体现[1]。否则，既无法全面解释刑事责任在多种场合的概念内涵，也无法阐释法律责任产生的法律机理。

其次，传统刑法理论在犯罪论体系之外讨论刑事责任，实质意义有限。一方面，在理论层面，刑事责任与作为刑法理论核心的犯罪构成理论无实质勾连，使得对刑事责任的理论探讨更加类似于纯粹的概念游戏；另一方面，在实践层面，脱离犯罪构成理论的刑事责任，也无法为实践中判断犯罪行为人是否需要承担刑事责任提供判断标准[2]。以刑事责任的根据讨论为例，刑事责任的根据是对刑事责任从何而来的回答，而对此问题的回答同时也应当内含如何确定刑事责任归属的判断路径。当把犯罪构成或者犯罪行为视为刑事责任的根据时，并未真正回答刑事责任从何而来，此时的刑事责任只是犯罪的法定后果。而刑事责任的根据应当回答的是行为人为何要因犯罪承担刑事责任，同时在此观点之下，刑事责任的判断路径就是犯罪构成本身，刑事责任之于犯罪成立判断并无其他的意义。将行为人因犯罪承担刑事责任的原因归于行为的社会危害性，使得相较于犯罪构

---

[1] 冯军：《刑事责任论》，社会科学文献出版社，2017，第32页。
[2] 车浩：《责任理论的中国蜕变：一个学术史视角的考察》，《政法论坛》2018年第3期。

成唯一根据说和犯罪行为说,对刑事责任根据的探讨突破了表层的刑法规范违反,但在四要件的犯罪论体系之下,社会危害性作为犯罪的本质通过构成要件体现出来,判断刑事责任成立仍然要通过构成要件,在此意义上,刑事责任之于犯罪成立同样是无意义的。行为人的主观罪过被视为刑事责任根据时,由于罪过已经被纳入构成要件作为犯罪成立的要件之一,如果不区分作为构成要件的罪过和作为刑事责任根据的罪过,刑事责任之于犯罪成立依然是无意义的;而如果要区分构成要件中的罪过和作为刑事责任根据的罪过,则意味着放弃作为刑事责任理论产生基础的四要件体系,而走向区分不法与责任的阶层论体系。将刑事责任的根据归为行为人的相对自由意志的同时,仍然坚持刑事责任的根据来源于犯罪构成,而认为刑事责任的根据应当存在于哲学与法学两个层面,则仅仅使得理论看似更加全面。一方面,哲学部分的意志自由并未体现在犯罪构成要件之中,很难说刑事责任的成立与意志自由之间有何实质关系;另一方面,已经作为犯罪成立条件的犯罪构成再被赋予一层刑事责任根据的意涵,似乎也仅具有观念上的意义。以上刑事责任根据的多种观点共同的理论效果都是无法与犯罪论相连接的,虽然传统刑法理论探讨刑事责任根据的出发点并不在于将其融入犯罪论体系之中,但没有归责的责任理论很难说有何实质意义[①],仅停留在理论阐释层面的刑事责任根据与刑事责任概念也没有本质区别。

最后,即使是在传统刑法理论体系之下,也难说刑事责任理论的体系地位是不可或缺的。如果将刑事责任理论放置在犯罪论与刑罚论之间,作为连接犯罪与刑罚的纽带来讨论刑事责任的概念、根据以及发展阶段和解决方式[②],则此种体系安排之下的刑事责任理论内容较为空洞,即使没有刑事责任理论也并不影响刑法理论体系的完整[③]。虽然直接以刑事责任论取代刑罚论、将刑事责任视为法律后果[④]仍然在使用刑事责任这一概念,

---

[①] 陈兴良:《从刑事责任理论到责任主义:一个学术史的考察》,《清华法学》2009年第2期。

[②] 高铭暄、马克昌:《刑法学》,北京大学出版社,高等教育出版社,2019,第196-212页。

[③] 陈兴良:《从刑事责任理论到责任主义:一个学术史的考察》,《清华法学》2009年第2期。

[④] 张明楷:《刑法学》,法律出版社,2021,第659页。

但刑事责任理论的实体内容被刑罚论所取代，刑事责任理论仅在形式上存在，而实际上已被放弃。即使将刑事责任论放置在刑法理论体系之首，作为刑法的基础理论①，但是若其内容仍然未脱离犯罪构成，也不能说刑事责任理论之于刑法理论是必要的。

从我国的刑事责任理论发展过程可以看出，犯罪论体系之外的责任理论沦为抽象的概念演绎，对于探讨犯罪成立与否的刑法理论没有实质贡献。而从大陆法系刑法的责任理论发展来看，刑法理论中责任的意义不在于责任的概念如何表述，而在于责任作为犯罪成立的条件之一②。重要的不是静态的责任，而是动态的归责以及如何确定有责。

二、责任理论的中国命运

苏联学者试图将规范评价意义上的责任引入四要件的犯罪论体系之中的失败尝试③，以及我国学者基于苏联刑法理论的刑事责任研究范式而得出的脱离犯罪论的刑事责任理论，均呈现出实践意义缺失的理论效果，意味着平面式的四要件理论与作为犯罪成立条件之一的归责意义上的责任在体系上不兼容。我国刑法对于责任的思考，从静态的刑事责任走向动态的归责，必然前提便是德日刑法的阶层式犯罪论体系的构建。犯罪论体系的再构建所引发的四要件与三阶层之争在当下虽然仍然存在，但在国内诸多学者以阶层式的思维提出的多种具有我国特色的阶层式犯罪论体系构建方案的推动下，阶层式犯罪论体系当下在我国的影响力并不弱于四要件体系④，即使是坚持四要件理论的学者也承认刑事责任理论之中应当包括具体的归责内容⑤。抛开犯罪论体系之争不论，仅就刑法责任理论而言，我

---

① 张智辉：《刑事责任通论》，警官教育出版社，1995，第15页。
② 车浩：《责任理论的中国蜕变：一个学术史视角的考察》，《政法论坛》2018年第3期。
③ 米铁男：《特拉伊宁的犯罪论体系》，北京大学出版社，2014，第178页。
④ 车浩：《阶层犯罪论的构造》，法律出版社，2017，第11页。
⑤ 高铭暄：《论四要件犯罪构成理论的合理性暨对中国刑法学体系的坚持》，《中国法学》2009年第2期。

国的责任理论的研究范式事实上已经转向德日刑法理论。由此引出另一个值得思考的责任理论本土化的问题①。具体而言，归责意义上的责任来源于根植于德日刑法传统上的责任主义，而我国的现行法律制度与大陆法系传统有一定渊源，但发展轨迹却有明显区别。由此，从责任主义原则本身到责任主义之下的各责任要素，如何与我国现行法律制度相融合则是需要考虑的现实问题。

（一）责任主义原则的宪法根据

责任主义原则作为刑法责任的理论基础，直接塑造了作为犯罪成立条件之一的有责性阶层，但仅作为理论基础的责任主义原则确实无法直接指导司法实务中的定罪量刑。因此，明确责任主义的制定法依据是责任理论具备现实意义的前提。但是，大陆法系国家一般都未在刑法典中规定责任主义原则，使得刑法理论大多从作为根本法的宪法中去寻找具有现代刑法基本精神地位的责任主义原则的制定法依据。以德日刑法为例，德国学者认为，责任主义原则虽然没有明确规定在《德意志联邦共和国基本法》和《德国刑法典》中，但是从法治国原则和《德意志联邦共和国基本法》第1条第1款、第2条第1款②的人的尊严和行为自由的规定中可以推导出③。日本学者认为，责任主义原则虽然可以由预防刑、保障国民自由等理论进行补强，但最终根据应当在于《日本国宪法》第13条④规定的尊重人权原则所推导出的"特别牺牲的界限"⑤。

---

① 例如，有学者提出的期待可能性本土化问题［舒洪水：《期待可能性理论的哲学基础与本土化思考》，《法律科学（西北政法大学学报）》2008年第3期］。

② 《德意志联邦共和国基本法》第1条第1款，"人之尊严不可侵犯，尊重及保护此项尊严为所有国家机关之义务"；第2条第1款，"人人有自由发展其人格之权利，但以不侵害他人之权利或不违犯宪政秩序或道德规范者为限"。

③ 乌尔斯·金德霍伊泽尔：《刑法总论教科书》，蔡桂生 中译，北京大学出版社，2015，第208页。

④ 《日本国宪法》第13条，"全体国民都作为个人而受到尊重。对于谋求生存、自由以及幸福的国民权利，只要不违反公共福利，在立法及其他国政上都必须受到最大的尊重"。

⑤ 松原芳博：《刑法总论重要问题》，王昭武 中译，中国政法大学出版社，2014，第18-19页。佐伯仁志：《刑法总论的思之道·乐之道》，于佳佳 中译，中国政法大学出版社，2017，第265-267页。

德日学者将各自国家宪法中的人格尊严条款视为责任主义原则的根本法依据，意味着人格尊严应当是责任主义原则的基础，责任理论的基本原理都可以从人格尊严中找到根据。首先，尊重人格尊严意味着对人在法律上的主体地位的肯定，肯定了人既是法律行为的主体，也是法律责任的主体，奠定了个人责任原则的基础。其次，尊重人格尊严意味着对人的主观能动性的肯定，给人的主观意思赋予特殊的法律意义，使得作为主观范畴的责任可以在法律上进行讨论，奠定了主观责任的基础。一方面，没有故意、过失的行为因非主观选择，如果对其追责则有损人格尊严而否定其责任成立；另一方面，具备主观能动性的行为人自行选择犯罪而对其非难，体现出对行为人作为理性人的人格尊严的尊重，从而具备正当性①。最后，尊重人格尊严意味着国家必须保障人的自由和权利，在减损人的基本自由和权利的刑法责任判断场合尤其应当注意对个人自由和权利的保障，奠定了责任的规范评价基础。具体而言，在不能期待行为人实施合法行为和行为人不具有违法性认识的场合，为了充分保障行为人的自由和权利，应尊重其人格尊严，而不宜对其行为追责。

遵循德日刑法将宪法的人格尊严条款视为责任主义原则根本法依据的基本思路，且认为我国《宪法》中规定的"人格尊严"在规范意义上与《德意志联邦共和国基本法》所使用的"人之尊严"以及《日本国宪法》所使用的"个人的尊重"具有相同的实质内涵②，那么，我国《宪法》第 33 条第 3 款、第 38 条③第一句等与人权和人格尊严相关的规定，也应当是我国刑法责任主义原则的宪法依据④。不过仍需注意的是，人格尊严是人权理念的核心内容，无论采取何种人权本原观点，都应当承认人权是先于

---

① 张明楷：《责任论的基本问题》，《比较法研究》2018 年第 3 期。
② 林来梵：《人的尊严与人格尊严：兼论中国宪法第 38 条的解释方案》，浙江社会科学，2008 年第 3 期。
③ 《中华人民共和国宪法》第 33 条第 3 款，"国家尊重和保障人权"；第 38 条第一句，"中华人民共和国公民的人格尊严不受侵犯"。
④ 张明楷：《刑法学》，法律出版社，2021，第 89 页。

宪法存在的，宪法只是对人权的认可而非赋予①。从这个角度来说，与人格尊严直接相关的责任主义原则也应当是先于制定法存在，为法治的基本精神所包含。

（二）责任理论在我国刑法中的运用

在我国刑法中应用责任理论，转变我国的刑法理论体系完成类似德日刑法的阶层式犯罪论体系的建构，只是为责任理论的适用提供理论环境。但即使是理论具有极大共通性的德日刑法，其具体的理论演绎都根植于各自的刑法典，这也使得德日刑法在责任理论的发展上存在明显差异。因此，在理论演绎之外，责任理论在我国刑法中的运用还应当重视理论在司法实践中的实际样态，以及我国区别于德日的刑法规范又反过来对责任理论存在何种的再塑造。并且，相较于原本就存在于我国刑法理论中且在刑法中有明确规定的故意与过失，真正颠覆我国传统刑事责任理论的是期待可能性与违法性认识理论的引进。司法实践中存在冲击民众朴素正义观念的典型案件往往都与期待可能性或者违法性认识相关，例如"河南大学生掏鸟窝案"②"赵春华非法持有枪支案"③，因此应当特别考察二者在我国刑法中的实践样态以及实践对理论的影响。

1. 期待可能性理论在我国刑法中的运用

期待可能性理论自从被引入我国以后，其所蕴含的丰富理论内涵使得国内学者对其抱有持续的研究热情，并试图将其纳入我国刑法之中。例如，在我国《刑法》总则部分，第14条、第15条规定处罚基于故意或过失而实施的行为，在于行为人具有期待可能性；第16条规定的意外事件和第18条规定的不具有辨认或者控制能力的精神病人实施的危害社会的行为，因行为人不具有期待可能性，而不负刑事责任；第17条规定的未成年人犯罪、第19条规定的又聋又哑的人犯罪、第28条规定的胁从犯，都减

---

① 李步云：《论人权的本原》，《政法论坛》2004年第2期。
② 河南省辉县市人民法院刑事判决书，（2014）辉刑初字第407号。
③ 天津市第一中级人民法院刑事判决书，（2017）津01刑终41号。

缓处罚，在于以上行为人犯罪是期待可能性较低①。再如，在我国《刑法》分则部分，第134条重大责任事故罪中被迫违章冒险作业的工人，因不具有期待可能性而不成立本罪；第306条辩护人、诉讼代理人毁灭证据、伪造证据、妨害作证罪，第307条妨害作证罪，以及第310条窝藏、包庇罪，不处罚犯罪嫌疑人、被告人本人，都包含了对犯罪嫌疑人、被告人无期待可能性的思想②。此外，在司法实践中，有学者试图使用期待可能性理论来解读实务中对某些争议案件的处理结果。例如，认为法院对许霆案重审由无期徒刑改判为五年有期徒刑，就在于行为人不具有期待可能性③。

但是，具备"强大的"解释功能的期待可能性反而被我国学者视为一种过于宽泛、初级和原始的概念，其强大的解释功能是概念本身内涵外延较为宽泛的解释效果的体现④。结合期待可能性理论在德日刑法的理论和实务中日渐式微的发展状况，以及我国的刑事立法和司法未承认期待可能性理论的现实，理论含量低、精细化判断不足的期待可能性理论被进一步明确不应被引入我国刑法理论作为超法规的免责事由，更不要说在司法实践中运用。对于通常被认为应由期待可能性理论解决的案件，例如配偶长期外出下落不明而造成家庭生活严重困难的重婚案件、受虐妇女暴力反抗施虐者的案件、亲亲相隐匿案件以及避险过当案件等，完全可用更加专业的教义学工具进行合理的解决⑤。与此同时，我国也有学者赞同将期待可能性理论引入我国刑法，并且认为应当将缺乏期待可能性视为超法规的免责事由。其基本观点主要在两个层面与持反对期待可能性理论立场的学者不同。一方面，在理论层面，只要采取规范责任论，就应当承认期待可能性作为超法规的免责事由存在，而无论刑法是否规定或者能否从刑法条文

---

① 欧锦雄：《期待可能性理论的继承与批判》，《法律科学》2000年第5期。
② 李立众、刘代华：《期待可能性理论研究》，《中外法学》1999年第1期。
③ 杜洋洋、叶慧娟：《期待可能性理论应慎用：以许霆案为例》，《东南大学学报（哲学社会科学版）》2013年第15期。
④ 车浩：《责任理论的中国蜕变：一个学术史视角的考察》，《政法论坛》2018年第3期。
⑤ 王钰：《适法行为期待可能性理论的中国命运》，《政治与法律》2019年第12期。

推出;另一方面,在实践层面,我国刑事司法无罪判决率极低的现实,使得无须担心期待可能性理论在我国滥用而导致大量不当免责现象,并且司法实践中存在公认的属于缺乏期待可能性而应免责的情形,这又使得期待可能性的边界并非是模糊不清的,而是可以相对明确的判断标准①。

因此,从我国刑法理论现状和实务现实来看,在处理期待可能性理论本身的争议之前,就是否需要引进此种理论仍未达成共识。

2. 违法性认识在我国刑法中的运用

违法性认识在我国刑法理论向德日刑法理论转向之前就已有讨论,只不过此种讨论延续苏联刑法理论对违法性认识的争论,就刑法规定的犯罪故意所包含的对社会危害性的认识是否就是违法性认识展开。较为主流的观点是社会危害性认识与违法性认识不一致,犯罪故意只要求行为人对自己行为的社会危害性有认识,违法性认识存在与否都不影响犯罪故意的成立②。但是,也有部分学者认为社会危害性认识与违法性认识实质上是一致的③。以上这种传统刑法理论之下围绕故意、社会危害性以及违法性讨论违法性认识的研究范式,在德日刑法教义学引进之后逐渐销声匿迹,当前我国刑法理论对违法性认识的研究基本上是在责任理论之下展开的。然而与德日刑法各自均有条文明确规定违法性认识不同,违法性认识在我国刑法中没有直接的立法体现,由此如何为违法性认识理论寻找制定法依据是我国学者首要关注的问题。例如,有学者认为我国《刑法》第14条犯罪故意规定中的社会危害性认识就是违法性认识④。再如,有学者认为违法性认识能力应当属于辨认能力之一,进而将《刑法》第18条对辨认能力的规定视为违法性认识的根据⑤。不仅是违法性认识理论本身存在是独

---

① 张明楷:《期待可能性理论在中国的运用》,载梁根林、高艳东、埃里克·希尔根多夫主编《责任理论与责任要素》,北京大学出版社,2020,第226-230页。
② 陈兴良:《违法性认识研究》,《中国法学》2005年第4期。
③ 刘明祥:《刑法中违法性认识的内容及其判断》,《中南政法学院学报(法商研究)》1995年第3期。
④ 陈兴良:《违法性认识研究》,《中国法学》2005年第4期。
⑤ 彭文华:《论阻却犯罪的违法性错误》,《政治与法律》2005年第3期。

立的责任要素还是故意的要素这一体系地位的争议，我国刑法为违法性认识留下的解释空间更使得在我国刑法语境之下违法性认识的体系地位却有必要讨论①。当然，违法性认识的判断标准和违法性错误问题同样也是我国刑法理论关注的重点。虽然对于违法性认识的具体问题存在诸多争议，但整体而言，我国学者普遍接受了违法性认识理论，承认其限制入罪的机能②。

与理论界普遍肯定违法性认识在犯罪论体系中的地位不同，在违法性认识不重要的传统观念之下，我国司法实务对违法性认识的态度则更加保守，仍然否定违法性认识阻却责任。例如，在"加奴（马里共和国国籍）走私淫秽物品案"中，辩护人提出，被告人作为加蓬国商人，在该国销售淫秽物品不被认为是违法行为，且被告人对该行为人缺乏违法性认识，因此不成立走私淫秽物品罪。一审法院判决认定，被告人"对法律认识的无知不能作为其免予承担刑事责任的理由"③。但是，这也并不意味着违法性认识在我国司法实务中完全不加以考虑，从诸多争议案件处理结果来看，违法性认识事实上已经成为法院定罪量刑的重要因素，只不过并不以违法性认识缺乏或者错误作为直接的判决理由。例如，在"赵春华非法持有枪支案"中，一审法院认定赵春华的气球射击摊所用的塑料仿真枪达到枪支鉴定标准规定的杀伤力标准，因此构成非法持有枪支罪，判处有期徒刑三年六个月；面对被告人提出的"不知自己持有的是枪支"这种缺乏违法性认识的上诉理由，二审法院虽然坚持认为赵春华具有非法持有枪支的故意，但又以其行为社会危害较小，主观恶性、人身危险性较低为由，改判为有期徒刑三年并适用缓刑④。此外，诸如"北京天价葡萄案"⑤"王力军

---

① 叶良芳：《违法性认识在犯罪论体系中的地位》，载梁根林、高艳东、埃里克·希尔根多夫主编《责任理论与责任要素》，北京大学出版社，2020，第132页。
② 梁根林：《违法性认识的命运：中国与德国》，载梁根林、高艳东、埃里克·希尔根多夫主编《责任理论与责任要素》，北京大学出版社，2020，第138页。
③ 广东省广州市中级人民法院刑事判决书，（2007）穗中法刑二初字第5号。
④ 天津市第一中级人民法院刑事判决书，（2017）津01刑终41号。
⑤ 李罡：《天价葡萄案续：葡萄只值千元馋嘴民工可能免刑责》，https://news.sina.com.cn/s/2004-05-27/06052638121s.shtml，访问日期：2022年2月12日。

非法经营案"① 的处理结果,均意味着违法性认识错误在我国司法实务中一定程度上被认定为从轻处罚的情节,只不过受限于传统的定罪思维和司法官员的谨慎立场,违法性认识的司法接纳仍然极为有限。

因此,违法性认识理论在我国刑法中呈现出的理论上讨论热烈而实践中遇冷的现实,使得我国刑法学界在继续探讨违法性认识理论的本土化再塑造的同时,还应当考虑如何进一步推动违法性认识的司法接纳问题。

---

① 内蒙古巴彦淖尔市中级人民法院刑事判决书,(2017)内08刑再1号。

第二章

故意理论与过失理论

第一节　犯罪故意"明知"的内容与程度

一、问题的提出

责任主义原则是现代法治国家普遍确立的一个刑法基本原则。这一原则的确立和坚持并不是一朝一夕实现的,而是在与古代乃至近代传统刑法观念、客观责任、结果责任等的斗争中逐渐完成的,因为"古代刑法受客观的责任(以结果论责任)以及团体的责任所支配,法律之责任,不问有无故意或者过失,凡对于共同生活有害之行为皆加以处罚,此系以侵害法益的结果为依归"①。责任主义原则的确立和发展意味着对任何一个行为人进行刑法归责,必须同时符合主观和客观两个方面的要求,尤其是不能忽视对行为人主观罪过的考察和认定,从而确立主观归责的可能性与妥适范围,并借以纠正、防止和避免仅仅根据客观行为进行定罪处罚的客观归罪认定思维和纯粹的结果责任处理模式,从而确立对行为人合理妥当的客观归责与主观归责统一基础上的刑事归责范围。

立足于我国《刑法》规定,在我国刑法语境下,对我国传统的犯罪构成理论进行研究的学者较少;对"明知"事实要素的内涵和外延上争议较大并且不够具体,未形成较为统一的的观点;对"明知"程度的具体表现、符合性、现实性等问题的研究十分稀少,从而延伸出来的认识因素与意志因素的关系还存有一定的争议。故关于"明知"的研究尚未形成体系性、全面性、统一性的理论观点,理论研究的空间较大。实务界对于"明知"的认定,既是客观证据的最终落脚点,也是整个定罪量刑的逻辑起点,但反映行为人主观罪过的"明知",除了可以直接从行为人的口供这

---

① 洪福增:《刑事责任之理论》,台湾刑事法杂志社,1982,第2页。

一直接证据进行直接证明外,如何通过间接证据、法理、情理等内容进行间接论证仍然困扰着司法裁判者。司法解释表述为"应当知道""可能知道""知道可能是"等的用语是否为刑法规定的"明知"仍存在很大争议,亟须进一步梳理与论证。近年来出现的一系列案件,如"北京天价葡萄案""河南大学生掏鸟窝案""赵春华非法持有枪支案"等的判决争议,进一步引发了大家对司法实务的思考。这一系列问题归根到底就是如何在法理层面及司法层面上理解、认定我国《刑法》总则第14条(以下简称"总则第14条")规定的"明知",从而明确"明知"的相关范畴、事实、价值、程度要素,并运用证据规则寻求走出司法认定困境的出路。

基于上述背景,本章旨在厘清我国目前对"明知"问题研究的理论争议及刑事案件裁判的重点、难点、热点,针对"明知"的理解、认定的具体问题,根据刑法理论基础以及我国现行刑法规范内容,较为系统地研究"明知"的相关范畴,明确"明知"的内涵和外延,对"明知"的程度要素进行较为深入的探讨,在司法实践中为"明知"的认定解决困境、找到出路,以期推动"明知"问题研究的进一步发展,同时也有助于为司法实践提供具有可操作性的方法。

二、犯罪故意"明知"的内容

(一)刑法总则中"明知"的内涵

总则第14条第1款所述"明知自己的行为会发生危害社会的结果"是故意犯罪认识要素(明知内容)的法定依据,目前几乎所有涉及"明知"内容的争论和探讨都是围绕这一规定展开的。而在实务中,一般说来,若影响控方证明的其他因素不变,要求"明知"所包含的内容越广泛,则控方需要收集的证据就越多,因此对"明知"的证明也将变得更困难。所以,对"明知"的内容进行厘清是很有必要的。

仔细梳理学界目前关于"明知"内容的学说、观点,大致包括以下三类:广义说、中间说、狭义说。支持广义说的学者认为,在故意犯罪中除了主观方面要素不需要行为人认识（明知）外，其他三个要件都需要行为人认识①。支持中间说的学者认为，犯罪客观方面的事实与犯罪客体需要行为人有所认识②。而支持狭义说的学者认为，在故意犯罪中，行为人仅认识到客观方面的事实如行为的性质、方式，危害结果以及因果关系即可③。通过分析，我们发现这三种学说的交集是犯罪客观方面，即学界对于犯罪客观方面属于"明知"的内容并无太大的争议（当然在狭义说内部仍有争论），争议较大的是犯罪主体（主要是指责任年龄与身份）与犯罪客体是否属于"明知"的内容。

一般说来，犯罪客观方面中需要行为人认识的内容包括：行为及其性质与方式、危害结果与因果关系（有争议）。就行为而言，可以说它是整个犯罪论体系的核心内容，甚至有学者在构建犯罪论体系时，将行为单独作为一个阶层。如在德国，自韦尔策尔（Hans Welzel）教授提出目的行为论之后，行为的概念便引起注意，其后多数教科书开始接受将行为阶层作为犯罪的体系的第一个阶层④。这种倾向与近现代刑法的转型有关。近现代刑法经历了主观主义向客观主义或者说由行为人刑法向行为刑法的转变，使得行为的重要性得以彰显。而当责任主义原则成为刑法的基本原则之一时，行为自然也进入了故意犯罪认识内容的视野。对行为的认识，包括对行为的性质、方式、对象以及时间地点等内容的认识。

首先，行为人在做出某种行为时必须清楚"自己在干什么"，诸如出现梦游、痉挛等状况时因行为人难以认识其行为的性质，所以不构成犯

---

① 何秉松教授认为，故意犯罪是主体有意识、有目的、自觉的犯罪活动，理应对整个犯罪活动情况有一般的认识（何秉松：《犯罪构成系统论》，中国法制出版社，1995年，第194-195页）。

② 袁宏山：《犯罪故意与犯罪过失适用》，中国人民公安大学出版社，2012，第26页。

③ 梅传强教授认为，既然犯罪故意中"明知"的对象是行为人意识状态中希望或者放任的，那么，"明知"的内容就应该是对这个行为的性质、结果和发展过程的认识[梅传强：《犯罪故意中"明知"的涵义与内容：根据罪过实质的考察》，《四川师范大学学报（社会科学版）》2005年第1期]。

④ 付立庆：《犯罪构成理论：比较研究与路径选择》，法律出版社，2010，第200页。

罪。当然，要求行为人清楚"自己在干什么"，并不是说要求行为人必须像法学学者、法官、律师、检察官那样清楚地知道自己的行为符合何种罪名，而是说诸如在故意杀人、盗窃、抢劫等案件中，行为人知道自己在杀人、偷东西、抢东西即可。

其次，刑法分则中很多罪名规定了行为方式，行为人在实行某种行为时要对这些要素有所认识。例如我国《刑法》第267条第2款规定了"携带凶器抢夺"的情形，这就要求行为人在携带凶器抢夺时必须认识到自己携带了凶器，否则只能以抢夺罪定罪处罚。如在某抢夺案中，妻子将菜刀打包好裹进毛毯里（以防伤人），让丈夫将打包好的毛毯带到他们居住的地方，丈夫在路上看到某女子佩戴着一条很漂亮的金项链，便一把扯下迅速逃匿。在此情形下，行为人并未认识到自己携带了菜刀，不能以持刀抢劫罪定罪处罚。再比如第264条规定了有关盗窃罪的几种类型——入户盗窃、携带凶器盗窃，这就要求行为人在行为时要对"入户""携带凶器"有所认识。需要注意的是，笔者在上面提到的两个条文都涉及"多次……"的表述，那么在行为人多次盗窃、多次抢夺时是否要求行为人对"多次"有认识？一般认为，"多次"是指3次及以上，如果要求行为人对"多次"有认识，就会出现一个非常尴尬的局面：行为人的记忆力越好，他越容易受到处罚。可是这样的处理方式显然是不公平的。所以笔者赞同张明楷教授的观点，只要行为人每次实施盗窃时具有故意即可，不要求行为人认识到自己是"多次"盗窃①。

再次，行为对象也是行为人必须要认识的内容。通常来说，行为人在实施某行为时，只有对行为对象有所认识，才能对行为性质以及行为的后果有所认识。刑法分则中规定的持有型犯罪、赃物犯罪、走私犯罪、毒品犯罪等犯罪类型都涉及行为对象的问题。如在走私淫秽物品案中，行为人必须认识到自己走私的是淫秽物品，否则不能以我国《刑法》第152条规定的走私淫秽物品罪定罪处罚。需要注意的是，这里提到的"淫秽物品"属于规范的构成要件要素，而规范的构成要件要素是需要根据法律法规、

---

① 张明楷：《刑法学》，法律出版社，2021，第261页。

经验法则做出价值判断的。

所以这就引出一个问题,当行为人对于规范性构成要件要素具备何种认识时就能构成故意犯罪。德国学者认为,在涉及社会的评价要素问题时,应运用"行为人所属的外行人领域的平行评价"理论解决问题①。换言之,对于规范的构成要件要素并不要求行为人像内行人那样认识到其确切的规范意义,只要行为人认识到与这些专业术语的规范意义相对应的日常生活中的社会意义即可。具体到走私淫秽物品案中,只要一般人认为这些物品是"黄色的""下流的""不堪入目的",而行为人也认识到这些物品是"下流的",此时就可以确定行为人具备犯罪故意。最后,在某些特殊的犯罪中,还要求行为人对行为的时间、地点有所认识。一般说来,刑事证明中各主体非常重视时间、地点等要素,因为这些要素结合起来决定证据链条是否完整、指控犯罪是否成立。刑事实体法对此关注的较少,尤其在犯罪论领域,很少关注时间、地点要素。但是刑法分则中的某些罪名规定了时间、地点要素,如非法狩猎罪就要求行为人对禁猎区、禁猎期有所认识。

就危害结果而言,也需要行为人对此有所认识,这是总则第14条第1款前半句的应有之意。不过,对危害结果的认识不要求很具体,只要行为人认识到是构成要件的结果即可。例如,甲欲开枪击杀乙,却误将丙当作乙而射杀。在本案中不要求甲认识到自己的行为会导致乙死亡,只要甲认识到自己的行为会导致"那个人"死亡即可。需要注意的是,尽管我们通常所说的危害结果是指实害结果,但在危险犯中,危害结果包括危险结果②,因而成立危险犯,也需要行为人对危险结果有所认识。至于行为与结果之间的因果关系是否属于故意犯罪中的认识要素,理论界还存在两种对立的观点,即肯定说与否定说。笔者赞成否定说,至于更具体的探讨,

---

① 该类学者认为,在规范的成要件要素的场合,不要求行为人了解规范概念的法律定义,只要行为人以自己的认识水平理解了具体化在规范概念中的立法者的评价即可(张明楷:《刑法学》,法律出版社,2016,第260页)。

② 黎宏:《刑法学总论》,法律出版社,2016,第182页。

笔者将在后文中详细叙述。

综合上述分析,从"交集"的角度看,"明知"的内容包括犯罪客观方面中的行为及其性质与方式、危害结果;从"并集"的角度看,"明知"的内容还包括犯罪主体(主要是指责任年龄与身份)、犯罪客体以及犯罪客观方面中的因果关系。

(二)刑法分则中的"明知"

笔者对我国《刑法》分则条文中的"明知"进行查找,发现分则中有40个条文共45处规定了"明知"。除去第138条教育设施重大安全事故罪属于过失犯罪外①,其余的条文所提及的"明知"都是本书所要讨论的内容。对这些条文中的"明知"的搭配对象进行考察,可以按明知的内容归纳为四类:第一类是明知特定的物,诸如"明知是伪造的货币""明知是伪造、变造的汇票""明知是不符合标准的化妆品"以及赃物犯罪中的"明知犯罪所得"之规定是其典型。经过梳理发现涉及这类"明知"的条文多达16条。第二类是明知特定的行为,诸如"明知他人利用信息网络实施犯罪""明知他人制造毒品""明知他人用于出版淫秽书刊"等条文是其典型。经过梳理发现涉及这类"明知"的条文共有13条。第三类是明知"特定的人",诸如"明知他人是犯罪的人""明知是无罪的人或有罪的人"等条文是其典型。经过梳理发现,涉及这类"明知"的条文共有6条。第四类是明知特定的事实或状态,诸如"明知他人有配偶""明知是现役军人的配偶"等条文是其典型。此种类型的条文较少,经过梳理发现涉及这种类型的"明知"的条文共有5条。

通过考察这些条文的具体含义,可以发现第一类、第三类的"明知"的内容与上文中提到的对行为对象的"明知"基本上是一致的,并无独特的意蕴。至于第二类、第四类的"明知"也可以视为是对广义的行为对象的明知。这样看来,这几种类型的"明知"只是在表面上存在差别,但是实质上似乎只是对刑法总则中"明知"的重申。

---

① 张明楷教授认为,该条中的明知与故意犯罪中的明知不仅表明行为人已经预见到发生侵害结果的危险(张明楷:《刑法学》,法律出版社,2016,第732页)。

（三）刑法分则中"明知"与刑法总则中"明知"的关系

分则规定了众多的"明知"，但是这些"明知"与总则第 14 条规定的明知到底是什么关系？学界大致存在两种观点：一是区别说，即认为分则中对特定对象的"明知"不同于总则中的"明知"；二是注意规定说，即认为分则中的"明知"是对总则"明知"的再宣示。赞同区别说的学者认为，总则中明知的认识范围要广于分则中"明知"的认识范围[①]。另有学者认为总则中"明知"的认识程度与分则中"明知"的认识程度存在重大差别[②]。而持注意规定说的学者认为分则中的"明知"并没有自身的独特性[③]。亦即分则中的"明知"多数情况下只是提醒司法工作人员在评价行为人的行为时不要忽视某些事项，并非是对总则的补充。说的略微极端一点，即使将分则中 40 个条文中的 45 个"明知"全部删除掉，司法工作人员在评价行为人的行为时仍会考察行为人对于"明知"所对应的事项是否有认识，并不会贸然做出判断。这也是总则第 14 条规定的故意犯罪的应有之意。

笔者也认为分则关于"明知"的规定并无特殊内涵，只是对总则"明知"的再宣示。首先，如前所述，总则中的"明知"的内容也包括行为的对象。如运输毒品罪中要求行为人对毒品明知，持有型犯罪中要求对持有的物品明知，这被认为是严格贯彻主客观相统一原则要求的表现。尽管我们可以根据分则中"明知"的内容从形式上将其分为四类，即对特定的物明知、对特定的人明知、对特定的行为明知、对特定的事实明知，但实质

[①] 该类学者指出，前者是以危害后果的明知为核心，不局限于对犯罪对象的明知；后者是以对特定对象的明知为唯一内容（杨芳：《犯罪故意研究》，中国人民公安大学出版社，2006，第 178 页）。

[②] 该类学者指出，前者是对即将实施的危害行为所要导致的危害结果的一种预想，而后者是对现存事实的一种认识（于志刚：《犯罪故意中的认识理论新探》，《法学研究》2008 年第 4 期）。

[③] 该类学者指出，由于即使没有"明知"的规定，故意犯罪的成立也要求行为人明知犯罪构成的客观要素，因此，刑法分则关于"明知"的规定都属于注意规定（赵秉志：《主客观相统一：刑法现代化的坐标——以奸淫幼女型强奸罪为视角》，中国人民公安大学出版社，2004，第 153 页）。

上,这几类"明知"中的内容要么属于广义上的行为对象,要么属于行为性质的内容。以分则中规定的"明知"特定的人为例,如我国《刑法》第310条规定的窝藏、包庇罪中要求行为人明知他人是犯罪的人,其实这只是行为人对其行为认识必要前提,若非如此,行为人就不知道自己在干什么,当然也不构成本罪。至于明知特定的事实、明知特定的行为也与此类似,只是附随于对其行为的明知。因而分则关于"明知"的规定只是对总则"明知"内涵的重申,并非"另立门户"。其次,诚如学者所言,但凡分则条文中有特别规定,那么它或者是对总则的重复,也就是注意规定,或者是对总则的例外,也就是拟制规定,两者必居其一①。如果我们赞同区别说,认为分则关于"明知"的规定有其独特的内涵,与总则的"明知"差别很大,那么就意味着分则中的"明知"要脱离总则"明知"所确立的框架。而这样解释显然将分则中的"明知"视为总则"明知"的例外,如此一来只能将分则中的"明知"规定当作拟制②规定看待。可是设立法律拟制需要特别的理由,如对法的经济性方面的考量,或者是出于法益保护的特别需求③。但分则中规定了诸多"明知"条款,恰恰不是避免繁复,反而是大量重复总则中"明知"的内涵。而且分则中规定的"明知"内容与总则第14条规定的故意犯罪的认识内容是一致的,分则中的"明知"并未突破基本条款的意蕴。以分则中有关毒品犯罪共犯的规定为例④,即使没有这样的规定,在认定共犯时也要求行为人知悉实行犯的情况,所以诸如此类的规定只能认为是注意规定。最后,尽管分则中有些条文并未规定"明知",但是有些司法解释中还是规定了"明知",这也从一

---

① 靳宁:《论刑法中的明知》,武汉大学博士论文,2015,第27页。据中国知网:https://kns.cnki.net/kcms/detail/detail.aspx?dbcode=CDFD&dbname=CDFDLAST2018&filename=1015306464.nh&uniplatform=NZKPT&v=rb-YyPNerkzoAuDG9kTXV2-S7mquPeUlkDgha36FzBSIQU3b_MVLEyNFXNJaD7Qg。

② 所谓拟制,是法律在特定情况下把某种事实视为另一种事实并发生相同的法律效果(何家弘、刘品新:《证据法学》,法律出版社,2008,第265页)。

③ 张明楷:《刑法分则解释原理》,中国人民大学出版社,2011,第632-633页。

④ 我国《刑法》第350条第2款规定,"明知他人制造毒品而为其生产、买卖、运输前款规定的物品的,以制造毒品罪的共犯论处"。

个侧面说明了"明知"是故意犯罪中的必要的主观要素，分则中规定的"明知"只是对总则"明知"的强调而已。如我国《刑法》第 236 条规定了强奸罪，尽管条文中并未出现"明知"一词，但是相关的司法解释①还是规定了"明知"。再比如，第 293 条规定了寻衅滋事罪，条文中也并未规定"明知"，但是相关司法解释②规定了"明知"。这再次说明，就算将分则中所有的"明知"都删除，司法工作人员在评价行为人的行为时仍旧必须考虑行为人是否对相关事项有认识。因此，分则中的"明知"只是注意规定而已。

综合上述分析，笔者认为分则中关于"明知"的众多规定并无特殊内涵，这些规定既不是"另立门户"，也不是"改弦更张"，而是对总则"明知"的再宣示，以免司法工作人员出现疏忽。

三、犯罪故意"明知"的程度

行为人对与犯罪构成有关的事实要素与价值要素具有了"明知"，并不代表着行为人主观上就具有了犯罪故意所要求的"明知"，还需进一步证明行为人"明知"的程度是否达到了刑法的要求。"明知"的程度，即行为人对事实要素与价值要素的"明知"所达到的层次。这在刑法规范中

---

① 2013 年 10 月 25 日，最高人民法院、最高人民检察院、公安部、司法部联合发布的《关于依法惩治性侵害未成年人犯罪的意见》第 19 条规定，"知道或者应当知道对方是不满十四周岁的幼女，而实施奸淫等性侵害行为的，应当认定行为人'明知'对方是幼女。对于不满十二周岁的被害人实施奸淫等性侵害行为的，应当认定行为人'明知'对方是幼女。对于已满十二周岁不满十四周岁的被害人，从其身体发育状况、言谈举止、衣着特征、生活作息规律等观察可能是幼女，而实施奸淫等性侵害行为的，应当认定行为人'明知'对方是幼女"。从上述司法解释中我们可以看到，故意犯罪中"明知"是必要的主观要素，分则的"明知"只是起提示作用。

② 最高人民法院、最高人民检察院于 2013 年公布施行的《关于办理利用信息网络实施诽谤等刑事案件适用法律若干问题的解释》第 5 条第 2 款规定，"编造虚假信息，或者明知是编造的虚假信息，在信息网络散布，或者组织、指使人员在信息网络上散布，起哄闹事，造成公共秩序严重混乱的，依照刑法第二百九十三条第一款第四项的规定，以寻衅滋事罪定罪处罚"。

体现为如何理解"会发生"这一规定的含义。本书认为对此的理解要结合两方面的内容,一是"明知"程度的具体表现为何种层次、状况的认识;二是"明知"程度所体现的认识层次、认识的度在内部与外部有何区别与联系。

(一)"明知"程度的具体表现

对于"明知"程度的研究,不能停留在必然会、可能会这一单一概括性研究层面上,对于该层面的研究,大多并无太大的争议与疑问。为了更好地对"明知"程度所体现出来的具体内容展开研究,需要将其程度内容具体化为"明知"的整体性、现实性与符合性,从而解决事实要素与价值要素的关系问题,迷信犯、信仰犯的认定问题以及认识错误问题。

1."明知"的整体性

"明知"的整体性,在程度上体现为两方面的内容。

第一,由于"明知"的各个内容之间是相互依存、相互联系、相互影响的,这些要素共同构成明知的整体内容,因而"明知"在内容上需要具体到所有事实要素与价值要素的每一个内容,而不仅仅是对部分构成要件要素有所认识。就具体犯罪而言,行为人需要认识到作为犯罪行为过程的整体过程内容,即自己将要利用或控制何种条件在何时何地以何种方式准备对何对象实施何种行为,该行为将会对该对象产生何种影响或变化,即造成何种结果。并对将要进行的这一系列行为过程事先在自己的意识里有属于自己的二次评价,即自己对整个行为过程社会危害性有认识。不管是缺乏事实性认识还是价值认识,抑或是缺乏事实性认识里面的任一事实要素,都不能使行为人将自己的行为完整串联起来,形成一个主观意识中的完整的、具体的行为过程,不能称之为完整行为过程的便不能称之为行为人主观中对犯罪行为具体、全面的认识。

第二,由于"明知"是以"知"为中心的偏正结构,即强调知道,而不是确切地,百分之百地知道。因此行为人对于"明知"内容在整体把握上是有认识的,而不是无认识的,若行为人能够百分之百、肯定地知道自己的行为全过程,毫无疑问,行为人对认识内容是"明知"的。但若行为人知道的概率性不是百分之百,而只是知道可能存在或者是存有怀疑的情况,是否还能称之为"明知"?这就涉及如何理解我国《刑法》中"会"的含义。对"会"含义的解读,我国理论界和实务界没有太大的争议,"会"即主观上推测的"必然会"以及"可能会",虽然我国《刑法》中对于"会"的规定连接的是行为与结果之间的关系,强调的是必然会或可能会发生"危害社会的结果",但由于各个要素之间的联系性、相互性和统一性,行为人对于"结果"的判断也是建立在其对行为本身、行为对象的基础上的判断,因而可以说对我国《刑法》中关于"会"的理解不可能仅仅是对结果的理解,还涉及对行为本身、行为对象等的理解。因而行为人的认识并不一定是准确的认识,它可以是明确判断,也可以是"怀疑可能"。前者如断定自己开枪的行为会杀死对方,或者发现某种品牌有市场而假冒其注册商标等;后者如帮别人携带或运输某物品,怀疑该物品是毒品或其他违禁品而仍然帮别人运输或者携带①。具体的运用过程中,需要司法认定时根据证据认定行为人事实上能否知道,而不是能否可能知道。

2. "明知"的现实性

行为人"明知"的内容必须是具有发生的现实可能性,即行为人认识的内容要符合事物的客观发展规律。根据客观发展规律行为人才能够在认识了一定内容之后,对自己行为的性质、后果产生一定的预测和判断,否则就无法建立起行为人的认识内容与实际犯罪之间的联系,无法认定行为人的主观罪过与责任之间的联系,也就很难对行为人进行定罪量刑。这就将以下三种认识排除在具有刑法意义的"明知"内容范围之外。第一种是纯粹的思想内容,对于纯粹的思想内容,只是出于行为人的潜意识里,行为人并没有实现这种认识的意志,没有任何意志倾向的认识就是纯思想或幻想,不属于犯罪故意的认识内容。第二种是迷信犯。对于迷信犯而言,其认识的内容以及在其认识内容支配、控制之下的行为,实际上与客观发展规律是不相符的,在其主观认识支配之下的行为也不能真正实现其目的内容,因而对于迷信犯的认识不属于犯罪故意的认识范围。第三种是偶然

---

① 陈忠林:《刑法总论》,中国人民大学出版社,2016,第120页。

行为，如行为人主观上想杀害行为人，希望明天的飞机失事而劝被害人明日乘坐飞机去旅游，结果飞机真的发生事故。对于此类偶然事件，由于不具有常态和通常意义，不能认为行为人的认识符合客观规律。

另外需要指出的是信仰犯的问题。很大程度上，不能将信仰犯的主观认识排除在犯罪故意的范畴之外，例如基于宗教极端主义或者恐怖主义，行为人为了追求一定的宗教信仰、政治理想往往认为自己行为在自己所在群体里是一种"非利己性的""社会性"的行为①。虽然这是符合群体利益且应该被群体所尊敬的行为，但其并未认识到其所代替的群体并不是大多数人所在的社会关系，而是与社会发展规律相违背的认识。事实上行为人对于自己的行为会给自己群体之外的人、社会造成危害是具有主观上的"明知"的，而由于其行为的动机与非信仰犯犯罪有所区别，故行为人在此行为支配之下的行为就不能否定其主观上的犯罪故意，否则《刑法》规范将依照信仰犯的喜好而定，这对社会稳定与发展将是毁灭性的。而对于客观发展规律的判断，不是指自然规律，而是指社会发展规律。行为人对于社会发展规律的认识，是根据自己长期生活中所形成的基本是非观、价值观进行判断的，因而对于《刑法》规范中"明知"的现实性的理解，要向普通群众最基本的是非观、价值观靠拢，向老百姓所奉行的基本行动规则"常识""常理""常情"靠拢②。同样地，就大多数老百姓而言，不管是纯粹主观上的坏思想，还是迷信犯都不能算是能转化为现实的认识，而对于危及国家安全、稳定或者基于宗教教义而杀人的行为都不能排除在故意犯罪之外。

3."明知"的符合性

"明知"属于主观认识的内容，是行为人意图实施的行为，主观罪过中的行为及其产生的结果在何种程度上与实际发生的行为相符合，仍然是

---

① 陈忠林：《我国刑法中"恐怖活动犯罪"的认定》，《现代法学》2002年第5期。
② 陈忠林：《"恶法非法"：对传统法学理论的反思》，《社会科学家》2009年第2期。

行为人认识程度需要解决的问题。在理论上，主要包括抽象符合说、法定符合说、具体符合说。抽象符合说由于与刑法规定相去较远，所以不管是理论界还是实务界支持该说的人甚少。争论比较大的就在于法定符合说与具体符合说。法定符合说指的是行为人的认识与实际发生的内容只要都属于构成要件范围内的事实，就可以认定行为人成立故意犯罪的既遂。而具体符合说将行为人对于构成要件事实特定化、具体化。例如，甲想杀乙，而误杀了旁边的丙，持法定符合说的学者认为行为人的行为成立故意杀人既遂①，而持具体符合说的学者认为行为人的行为阻却故意，在行为人对丙没有间接故意的情况下，对丙可能成立过失致人死亡②。例如1992年的吉林省发生的一起故意杀人案，行为人希望挥棒杀害与自己发生口角的叔父，却打中了距离其叔父1米左右欲制止其行为的父亲③。有学者认为二审法院认定行为人成立故意杀人罪，违背了主客观相一致的原则④；有学者认为行为人明知其叔父与其父亲相距约1米，而仍然挥棒打去，主观上对其父的死具有间接故意⑤。

实际上，无论是具体符合说还是法定符合说的判断，都要紧紧围绕总则第14条的规定，根据行为人的认识情况根据主观罪过及客观证据做实质性的判定。就甲想杀乙而误杀了旁边的丙而言，要根据甲对自己枪法技术的判断、乙与丙之间的距离来综合判断甲对旁边的丙是否具有主观上的间接故意或者过失，而不能仅仅做出简单的假设。就上述1992年吉林的案件

---

① 张明楷：《再论具体的方法错误》，《中外法学》2018年第4期。
② 刘明祥：《论具体的打击错误》，《中外法学》2014年第2期。
③ 被告人吴振江的岳母家卖给吴振江叔父吴殿发一匹骡子，吴殿发少给了200元。1992年3月13日下午6时许，吴振江酒后到吴殿发家索要欠款，与吴殿发发生口角。吴振江即到其叔吴殿昌家的院内拿了一根木棒（长140厘米，直径5厘米），回来后见其叔吴殿发与其父吴殿昌站在路上说话（两人相距约一米），便手持木棒向吴殿发奔去。吴振江之弟吴振学见状过去阻拦，吴振江抛出木棒，吴殿发当即躲闪，吴殿昌刚回头欲制止吴振江的行为时，被木棒打中左颞部而倒地，吴殿昌在送往医院抢救的途中死亡。经法医鉴定，吴殿昌死于颅骨骨折，脑挫伤。
④ 谢望原、张宝：《论打击错误及其理论选择》，《现代法学》2015年第5期。
⑤ 陈洪兵：《刑法错误论的实质》，《烟台大学学报（哲学社会科学版）》2018年第4期。

而言，在行为人当时看到自己的叔父与父亲相距约 1 米，而行为人在醉酒却未完全丧失辨认和控制能力的情况下，不能保证自己挥棒不会误伤到旁边的父亲而依然挥棒过去，其对其父亲的死亡已经具有了主观上的明知以及放任，对其行为应认定为间接故意杀人既遂。在具体的打击错误犯罪中，对于犯罪中的特定对象，特别是与行为人之间有密切关系的人，如配偶、父母、子女，在通常意义上会阻却行为人实施犯罪行为，但也不能一味地认定实践中行为人对这类人的行为只能成立过失犯罪或者刑法没有规定相应过失犯罪的时候认定为无罪，而要结合客观证据进行切实的考量。而对于具体的对象错误，由于行为人主观上确实将事实上的甲认定为认识中的乙，而确实也对认识中的乙实施了犯罪行为，而甲和乙都是同一构成要件中的对象，对行为人认定为故意犯罪并无疑问。在因果关系错误中，只要行为人认识到常态下、通常意义中基本的因果进程即可，不需要认识到具体的过程。就抽象的认识错误而言，按照罪过原则，结合法条之间的关系，在主客观相一致的范围内认定具体罪名。如行为人以为盒子里装的是枪支，想要盗窃枪支，而实际上盗窃的是公文证件，则应以盗窃罪进行定罪处罚。又如行为人以为远方森林中的人是熊，而对准人开枪，导致被害人当场死亡。而实际上行为人是早上在打猎，早上雾气较大，看不太清远方具体为何物，只能看清轮廓，熊一般也在早上出来觅食，而猎人与熊的距离比较远，该地除了同他一起打猎的人以外，之前他都没见过别的人在森林出没，在这样的情况下，行为人对被害人不存在主观罪过，不能认定为故意杀人罪、过失致人死亡罪。

（二）"明知"的程度辨析

"明知"的程度问题不仅是犯罪故意中"明知"程度的内部区分问题（如直接故意与间接故意中"明知"的界分，解决行为人主观上认识到结果必然发生，是否能成立间接故意的问题），还需要进一步根据其与相关认识的区别，把握其程度的界限（如实体法中的"明知"与诉讼法中的"应当知道"的界分，犯罪故意中的"明知"与犯罪过失中的"预见"的界分）。只有在内外对比中，才能更好地把握"明知"的度。

1. 直接故意与间接故意中"明知"的界分

犯罪故意包括直接故意与间接故意，而直接故意与间接故意在认识因素、意志因素上存在着区别。若行为人明知自己的行为必然会引发危害社会的结果，行为人的行为在意志上是否还存在放任的空间，即这种认识是否还属于间接故意的认识？对这一问题的研究是解决直接故意与间接故意中"明知"界分的关键。有学者认为，在行为人认识到结果必然发生的情况下，仍可以构成间接故意[1]。而有学者则认为在明知结果必然发生的情况下，不可能存在放任的心理态度[2]。

对于行为人主观上认识到结果的必然发生，在意志上只能是追求而不是放任，因而行为人认识到结果的必然发生只能是直接故意，而不可能是间接故意。一是从认识因素和意志因素之间的关系看，意志因素以认识因素为前提，而反过来，意志因素的内容又限制认识因素的内容[3]。行为人只有认识到内容或者结果，才会按照自己的认识追求或者放任某种结果的发生。认识内容决定了行为的内容，也决定了最终结果的内容，而意志只是在认识的基础上驱使行为人采取行动并按照认识的内容去实施行为，所以认识是意志的基础与前提，也对意志的程度起着补强作用。因而，行为人认识到结果必然发生后若还继续为一定的行为，就表明行为人对该结果不存在放任的心理态度，必然是希望结果发生的。二是从行为人认识与意志形成过程来看，应动态地理解行为人的认识与意志。一般情况下，行为人为了追求某一直接目的而对另一可能发生的结果不管不顾，可以认定行为人对另一结果持放任的心态。但行为人对另一结果发生的必然性已经有了充分认识，而只有当这种结果必然发生时，行为人才能实现自己的直接目的，在此刻若行为人想要实现的直接目的与阻碍目的的实现的另一结果必

---

[1] 武亚非：《故意认识对象中规范评价要素的辨析》，《宁夏社会科学》2017年第4期。
[2] 陈兴良：《刑法中的故意及其构造》，《法治研究》2010年第6期。
[3] 郝应兵：《中华人民共和国刑法配套解读与实例》，法律出版社，2017，第17页。

然发生的现实之间发生了对立和冲突,行为人必须立即做出抉择①。这一心理斗争与抉择的过程,最终使行为人做出了为了实现直接目的而想要另一结果也实现的意志决定,因为只有当另一结果也必然发生,行为人才能实现自己的直接目的。那么经过这个动态的过程之后,行为人对另一必然发生的结果,实际上已经不是听之任了,而是希望其发生,因为只有这样才能达到自己的直接目的。因而,若行为人主观上认识到若自己为一定行为某结果是必然会发生的,而仍然为该行为,则其主观上已经超出了间接故意中"放任"的范围,应认定为直接故意②。

2."明知"与"应知"的界分

在我国《刑法》第 219 条侵犯商业秘密罪的规定中有关于"应知"的表述规定,即"明知或者应知前款所列行为,获取、使用或者披露他人的商业秘密的,以侵犯商业秘密论"。这是我国《刑法》中仅有的一处关于"应知"的表述。而我国司法解释中有着大量采用"应当知道"的表述。从"应知"的字面含义看,其属于对知道的应然性规定,而不是实然性规定,即指的是行为人本来就没有认识,故很容易将"应知"理解为过失。但"明知"要求的是行为人"知道",而不是"不知道",因此若将"应知"作为犯罪故意的认识,不能从行为人的角度去理解,而应从司法证明的角度去理解,从证据证明的角度赋予"应知"固有的含义,不然就无法解释作为司法者理解刑法规范依据的司法解释中为何会出现关于"应当知道"的表述。

在刑事司法程序中,对行为人进行侦查、立案、庭审到判决的一系列的过程都离不开证据的运用,而行为人的主观方面是行为人的认识内容,很难在司法程序中得到证明。若行为人主动供述加上其他客观证据,可以直接证明行为人的主观明知。但在很多情况下,行为人的主观明知很难直接证明,为保证案件的顺利进行,司法人员会通过间接证据所形成的证据

---

① 林亚刚:《对"明知必然发生而放任发生"的再认识》,《法学评论》1995 年第 2 期。
② 王作富:《刑法》,中国人民大学出版社,2016,第 81 页。

链，对行为人的主观内容进行间接证明。从证明的角度看，刑法学意义上的"明知"指的是"知道"或者"应当知道"，前者指直接证明的"明知"，即在司法实践中能够通过一定的证据证明行为人在主观上确实是明知的，如行为人的供述；后者指间接证明的"明知"，即没有证据直接证明行为人主观上具有明知，但根据常态事实、间接证据可以推定行为人主观上具有明知[①]。故，有学者认为"应知"在刑事诉讼中属于"明知"的一种情形，而不至于将其误解为过失，但"应当知道"在字面上看是以不知为前提的，在法律用语上不够贴切，而应代之以"推定知道"[②]。与其说"应知"是"推定知道"，还不如说是间接证明的明知，是一种证据证明的形式。

3. "明知"与"预见"的界分

总则第14条关于故意犯罪主观认识上规定的是"明知"是"知道"，而第15条过失犯罪主观认识上规定的是"应当预见自己的行为可能发生危害社会的结果，因为疏忽大意而没有预见，或者已经预见而轻信能够避免"，因而有必要将"预见"与"明知"做出明确、清楚的区分，防止对二者的区别不具有明确认识而产生误解，将"明知"与"预见"混用的情况。

首先，就认识的有无问题上，"明知"强调的是行为人确确实实有认识，是知道的范畴；而疏忽大意的过失中主观上要求的是"应当预见""而没有预见"，强调的是行为人确实没有任何的认识，属于行为人不知道的情况。过于自信的过失强调的是主观上"已经预见"，仅仅是一种预见、预测，而不是终局性判断的知道。而结合"轻信"可以避免可以看出，行为人运用自己的认识，对自己的行为能力、行为结果进行评估之后才有了终局性的判断，即认为结果是可以避免的。其次，关于认识的现实性上，犯罪故意中的"明知"的内容具有发生的现实可能性，而且行为人对于这

[①] 皮勇：《论刑法中的"应当知道"：兼论刑法边界的扩张》，《法学评论》2012年第1期。

[②] 陈兴良：《教义刑法学》，中国人民大学出版社，2010，第479页。

种现实可能性是具有认识的。而疏忽大意的过失由于行为人主观上并没有认识,因此更不存在对认识内容转化为现实可能性的认识了。过于自信的过失中行为人只凭借有利于自己的主客观条件就轻信结果不会发生,认为这一预见结果发生的可能性不会转化为现实,故其对结果转化为现实性则缺乏正确的认识和判断①。最后,就认识主体的自身状态来看,犯罪故意的"明知",行为人在认识时基本上处于一种正常、清楚的状态下。而犯罪过失的"预见",行为人的认识处在一种非正常的状态下,不是疏忽大意就是过于自信,在这种状态下所具有的认识当然与正常状态之下所具有的认识存在明显的差异。

"明知"的内容除了事实、价值要素外,还要进一步探讨行为人的认识在何种程度上属于刑法上的"明知",即"明知"的程度要素。

本章提出"明知"的程度要素具体体现为整体性,即行为人对事实、价值要素的认识缺一不可,对行为过程必然会或可能会发生结果的概括性认识。现实性,即行为人明知的内容符合规律,具有转化为现实的可能性,这就排除了纯粹的思想、迷信犯、偶然行为,但并不排除恐怖活动、黑社会组织等信仰犯。符合性,即行为人明知的内容要与客观实际在何种程度上符合刑法规范内容,从而根据证据、情理、法理综合判断以解决认识错误的问题。对于"明知"程度的界分而言,直接故意与间接故意的关键在于,若行为人主观上明知结果必然发生,不可能成立间接故意;"明知"不等于"应知","明知"是实体法上的"知道"或程序法中的直接证明,而"应知"是程序法中的间接证明;"明知"不等于"预见",二者在认识的有无、认识的现实性上以及行为人状态上存在明显区分。

四、刑法分则常见犯罪中"明知"的认定

(一)毒品犯罪中的推定"明知"

毒品犯罪中行为人主观方面必须是故意不存在过失,因此"明知"是

---

① 张蔚伟:《犯罪故意认识因素研究》,知识产权出版社,2016,第191页。

毒品犯罪的构成要件。走私、贩卖、运输、制造等行为都要建立在行为人"明知"是毒品的基础上，因此，判断行为人主观对毒品的是否"明知"，是认定毒品犯罪的必备要素。在司法实践中，当遇到涉嫌毒品犯罪的案件时，想要直接认定"明知"是很困难的。毒品犯罪中并没有明确的被害人，交易双方会选择在有一定隐蔽性的场所进行交易，少有目击证人和直接证据。行为人在被询问时为逃避刑罚通常会极力辩称不知道自己行为对象是毒品，而且涉案的行为人在实施走私犯罪等行为时又很少用真实姓名，使得司法机关难以查证和收集有效证据[①]。所以，为解决毒品犯罪中认定行为人的主观"明知"难的问题，我国在 2007 年的《办理毒品犯罪案件适用法律若干问题的意见》中规定了 8 种可以认定为"应当知道"的情形，在 2008 年的《全国部分法院审理毒品犯罪案件工作座谈会纪要》中又把可以认定为"应当知道"的情形扩展至 10 种。这些情形已成为法定情形，在实践中处理毒品案件时发现存在该情形的，就可直接认定行为人主观上的明知，减少了证明环节，提高了法律效率。但当今社会发展迅速，犯罪方式也千变万化，法定情形并不能适用于所有情形，且"明知"的认定对于罪与非罪的认定又至关重要，因此在不能直接证明"明知"的情况下，运用推定方式是必要的选择。目前我国实务中普遍采用推定的方式。

在司法实践中，司法人员可以从行为人实施行为的过程、方式、神态举止等方面，再结合其年龄、知识水平，社会阅历综合分析判断其主观认知，当行为人对此结论不能给出合理解释并进行反驳时，即可认定其明知毒品。

（二）掩饰、隐瞒犯罪所得、犯罪所得收益罪中的推定"明知"

我国《刑法》第 312 条规定，掩饰、隐瞒犯罪所得、犯罪所得收益罪，"明知是犯罪所得及其产生的收益……"按照此条文的规定可以看出，该罪以行为人对"是犯罪所得及其产生的收益"的"明知"为认定犯罪的

[①] 沈曙昆：《毒品犯罪中主观故意认定的困境》，《人民检察》2007 年第 21 期。

构成要件。也就是说，缺乏"明知"即不可能构成本罪。但是，就以何种标准判断涉及该罪认定的行为人对赃物主观认识是否达到"明知"尚存分歧①。"明知"的判断应以什么人的认识情况为准，有三种不同的观点。一是主观说。该观点认为判断是否"明知"是赃物而后掩饰、隐瞒的应以行为人的自身情况为认定标准。行为人自身的情况一般从年龄、家庭状况、受教育程度、工作经历等方面进行考量。如果站在行为人的角度，在当下实施行为时，其完全能认识到是赃物的，就可认为已满足了"明知"这个法定构件。二是客观说。该观点立足于一般人认知和客观环境，认为行为对象是犯罪所得及其产生的收益以人民大众的生活经验和社会常识为标准是能确切认识到的，这样就可以认定行为人实施行为时主观上是具有"明知"的。若行为人当下有特殊情况或自身的实际认知与常人不同，这并不影响对行为"明知"的判断。三是折中说。该主张认为对"明知"认定应按照主客观相统一的原则，既要考虑到行为人当下的认识能力，又要考虑到客观环境下的一般认知。对此笔者认同折中说的观点。客观说忽略了不同人对事物认知存在差异性，会导致裁判的不公。主观说过于强调行为人自身，忽略了客观环境，可能会造成刑罚的随意性，不利于保障社会秩序。上述二者都存在缺陷，所以在认定行为人的"明知"时，既要考虑到行为人的个体特征和认知能力，又要考虑案发时的客观环境，做到主客观相一致。通过比较三种学说通过比较，折中说是最佳选择。

在掩饰、隐瞒犯罪所得、犯罪所得收益罪中，要求行为人对行为对象的性质即赃物"明知"，该"明知"既包括确知，也包括不确知。虽然行为人表示对行为对象即物品的非法性不知情，但根据实际情况有充分的事实理由认定其是在应当知道是他人犯罪所得收益的情况下，实施掩饰隐瞒的行为，就可认定为有犯罪故意。现实生活中，经常发生本犯和窝藏犯之间的合作不言而明。在此种情况下，若坚持只能确知，显然脱离实际，可能造成该类罪犯逃避惩治，不利于对犯罪的打击和防范②。笔者以为，从

---

① 冯英菊：《赃物犯罪研究》，中国政法大学出版社，2000，第75-76页。
② 赵秉志：《妨害司法活动罪研究》，中国人民公安大学出版社，1994，第298页。

司法实践的需要来看，可以从以下几个方面推定行为人主观是否"明知"：一是作案时间。比如行为人取得犯罪所得物品的时间是在天黑之后，半夜或凌晨，或者当时周围地区刚发生过涉及财产犯罪的案件。二是犯罪地点。由于物品的不正当性，行为人不敢在公共场所进行传递或交易，或因物品急于脱手，而通常在偏僻之处或者在案发现场附近以及非法交易场所进行交易。三是交易方式反常。行为人的物品的价格已明显低于市场价格，未经过正规交易手续获得。四是物品属性和特征。如物品是限制流通物或者国家有禁止个人经营、持有的物品，或者物品有明显改装迹象、非经完整体拆分所得的零件等情况。五是行为人与本犯之间的关系。交往时间，认识程度，对本犯基本情况的了解等。如行为人明知本犯是经济类犯罪的惯犯，还接受其给的物品的情况。

在现实生活中掩饰隐瞒的方式花样百出、更新不断，不同行为人的情况也有差别，以上几个方面并不能涵盖一切情形。但这些可以为司法机关在办案时提供思路，再根据具体情况，让"明知"的推定方法得到更准确的运用。

（三）生产、销售伪劣商品犯罪中的推定"明知"

我国《刑法》中的"生产、销售伪劣商品罪"这一节中将该罪具体分为10个罪名。根据这10个罪名可知该罪中的"伪劣商品"包括：伪劣产品，假药，劣药，违反药品管理法规的相关药品，不符合安全标准的食品，有毒、有害食品，不符合标准的医用器材，不符合安全标准的产品，伪劣农药、兽药、化肥、种子，不符合卫生标准的化妆品。其中第141条、142条、142条之一、144条、145条、146条、147条和第148条都明文规定对伪劣商品的"明知"。"明知"是这10种罪名的法定的犯罪构成要件。那么，该节其他没有对"明知"明文规定的罪名是否要求明知？从上文对"明知"在总则和分则中作用的阐述可知，分则中要是"明知"的特定事实并不独立存在于犯罪故意的"明知"中，其作为注意规定，起提醒强调作用。因此不明文规定也是要主观对伪劣商品有认识，即不"明知"，则该类犯罪不成立。

一般被怀疑犯生产、销售伪劣商品罪的行为人有两种生产者和销售者。对于该罪中的生产者而言，正常情况下其是直接参与商品的整个生产流程并按有关法规要求生产者对商品的质量有保证义务，所以其应对所生产的商品是十分了解的，通常无须对主观上的"明知"进行证明。在一些需要"明知"认定的情况下，根据生产者的认知水平、产品生产环境、条件、员工等因素，也能极近准确地认定其是否"明知"的。但对销售者来说，认定其对伪劣商品主观是否存在"明知"就没那么容易。商品的生产者也可以是销售者，销售者则不然。不同于生产者，销售者是从生产者或其他销售者处将物品买进而后卖出的，并未参与所卖商品的生产，其对商品的了解很大程度上是来自生产者和上家的，可能因自身经验和能力的不足而听信卖家的谎言，轻信所售商品非伪劣商品，确实存在不知的情况。对于确实不知的销售者，仅根据客观定罪处罚是不公平的。但也有一些销售者为逃避刑罚，明知却自称不知，单以行为人自供，就认定其不知也是不合理的，会造成出罪的范围过大，不利于打击犯罪。所以，对销售者的"明知"认定，要充分结合当时的主客观条件，在有充分的基础事实和联系之上推定行为人是否"明知"。

在现实生活中会出现这样的情况：消费者在发现所购商品存在异样，没有达到可以出售的质量标准，但再找到商品销售商，销售商会以自己对商品不合规并不"明知"为由，拒绝认罪赔偿。例如：2012年12月某日，A在B经营的食品商店购买了200瓶某咀嚼片食品，总价1.76万元。A服用该食品后，感觉不舒服，后去医院查为食物中毒。后经查询发现该食品外包装所标注的主要原料、功效成分、含量以及生产者的相关基本信息均不属实。在司法机关侦查时，B强调对自己所售食品不合安全标准这一情况不知。因此，如何认定销售者是否具有"明知"主观认识，是司法人员在办案过程中会遇到的难题。就上述案件中的情形，按照行为人自身的供述不能认定不属于销售者对伪劣食品主观上是"明知"的情形。为给解决此类问题提供一些思路，笔者通过对涉嫌该类犯罪案件时的多种情形进行梳理，认为实践中遇到此类案件时，可从以下方面推定是否"明知"：一是是否具备正当的商业主体资格,进货渠道是否合法;二是是否按法规履行查验进货记录义务,以及进货渠道是否正当;三是是否按食品安全法规定核对所售食品基本信息是否真实、有无完整标识;四是食品的运输是否按照《食品安全法》的要求,储存食品的环境是否达到标准;五是对变质或不在保质期内的食品是否及时清出销售场所;六是法律、法规明令禁止销售的食品是否存在销售情形;七是为延长食品销售期,销售者是否故意更改食品生产批号、生产日期、保质期等标识;八是在发票、账目等会计凭证上有无弄虚作假;九是销售者的进货价格和出售价格是否合理,是否存在不正常的高额回扣或明显低于市场价等。除此之外,还需要考量行为人的年龄、文化程度、从业经历等方面,综合评判来认定行为人主观上是否存在"明知"。若一些特殊商品的质量是需要具有相关知识、专业水平的人来认定的,而行为人的能力有限,是不能轻易认定行为人主观上的"明知",以免殃及确实不知的行为人。

根据上述列举的可以判断"明知"的几个方面,本案食品销售商 B 没有查验所采购食品合格证明文件的真伪,没有查明功能成分,食品标签上的生产日期、保质期等是否符合可售商品的标准,因此属于上述情形之一。而后又提供虚假的生产厂家注册年检信息和虚假的食品安全检验报告,该行为明显是心虚为逃避刑罚。因此,应当认定其是"明知"食品不符合安全标准而销售的。

(四)假币犯罪中的推定"明知"

在我国《刑法》第 171 条对出售、购买、运输假币罪的规定和第 172 条对持有、使用假币罪的规定中,都要求"明知是伪造的货币……"由此可知"伪造的货币"是客观构成要素,对该要素的"明知"是在假币类犯罪中必须要具备的主观认识。在办理涉嫌该类罪名认定的案件时,如果缺乏分则中"明知"这一法定构成要件,行为人就不会认识到其行为会带来破坏金融管理秩序的后果,从而不可能成立运输假币罪和持有、使用假币罪①。在假币罪中，持有、使用、运输，这些行为是客观事实，认定没有难度。因为假币具有以假乱真、难以识别的特点，且钱币是具有流动性的，因此很多人可能无意间持有或使用假币，如果行为人过失而无意中持有了假币，其行为就不具有可罚性②。因此，在分则有关假币犯罪条文中特别写明"明知"是具有必要性的。其作为注意规定，是立法者为了提醒司法人员在处理有关该类犯罪的案件时，不要忽略着重审查行为人对"伪造的货币"是否主观"明知"。

在处理假币犯罪的有关案件时，办案人员对收集到的大量假币进行扣押，而后会请有关法律法规中指定的鉴定机构如银行等依法进行有效的鉴定。但还会存在一些行为人，在收集到的案件物证及鉴定意见等相关证据已经较为完善的情况下，仍辩解其持有、使用等行为是以不知假币为前提的，企图逃避刑事追究。行为人拒绝承认对伪造货币的主观认识是"明知"，这给司法机关在认定犯罪时带来了不小的困难，尤其是在认定运输或持有、使用假币罪时该问题最明显。由于我国刑法或司法解释缺乏对假币犯罪中"明知"的明确又具体化的规定，如果"明知"的认定仅仅靠行为人自己承认，就不能对行为人定罪量刑，这样就可能使真正的罪犯逃脱刑罚，造成对假币类犯罪的打击不力，导致刑法的威慑力在一定程度上的削弱③。所以当案件收集到的其他证据达到排除合理怀疑的证明程度，可以推定行为人"明知"。一般而言，推定假币犯罪中的"明知"，要根据假币和持有、使用或运输假币的行为人的特点以及司法人员的审判实践经验来确定。通过总结归纳，笔者认为具有以下情形之一的可以推定为"明知"：一是持有、使用和运输已被检验确定为假币或币面上有明显假币标志的钱币。二是行为人根据自身情况（如知识水平、生活环境、社会经验等）和假币的特点（仿真的程度）能够知道自己持有、使用或运输的是假

---

① 王作富：《刑法分则实务研究（中）》，中国方正出版社，2013，第431页。
② 梁根林：《责任主义刑法视野中的持有型犯罪》，《法学评论》2003年第4期。
③ 张新宪、程建邑：《办理涉假币犯罪案件重在认定"明知"》，《检察日报》2009年11月15日第3版。

币。如行为人从事的是经常接触钱币的工作，或假币已达到一般人都能够判定其为假币的程度。三是行为人已经出售了所持有假币中的部分，但出售数额未达到出售假币罪的定罪标准。四是通过其他事实和方法能够证明行为人是"明知"的等。

对于犯罪故意中的"明知"问题，从我国《刑法》条文的相关规定，到与"明知"问题相关的理论都错综复杂、充满争议。对该问题进行全面的分析和思考之后可以发现，要想准确对犯罪故意明知进行认定，就必须明确"明知"的含义、体系地位、对象以及"明知"推定应遵循的规则。"明知"包括知道或应当知道，不包含可能知道，其体系地位随着故意的体系地位的变化而变化，属于责任要素。犯罪故意中的"明知"问题不仅与我国的传统刑法理论有关，也涉及相关的德日刑法理论，限于章节篇幅和本书结构安排，笔者仅对两个基础问题进行了探讨，未能进一步展开阐述，今后在此基础上再进行思考，希望能对该问题的相关理论完善有所助益，从而更好地对我国司法实践中有关"明知"的争议案件进行指导。

第二节　论过失犯的实行行为

一、问题的提出

在刑法理论上，过失论经历了一个从旧过失论、新过失论、修正的旧过失论到新新过失论的发展过程。过失犯的实行行为是过失犯成立的客观方面的要件，但它却长期不被视为问题。在旧过失论中，仅仅把预见可能性作为是责任的核心，而不重视过失行为的实行行为性，表现为一种结果无价值的意味，因此在客观方面欠缺限制过失犯成立的条件，导致过失犯的处罚范围过大[①]。新过失论开始重视过失的"行为"属性，认为过失的本质并不在于预见可能性而在于违反客观注意义务。这种客观注意义务，即结果避免义务的认定依据在于，行为人是否违反了社会日常生活中一般要求的结果回避行为，即基准行为，由此，新过失论也被称为基准行为说。新过失论不仅重视过失犯的结果无价值，更强调过失犯的行为无价值，其将过失的重点从责任论移入行为性质方面，从而为认定过失犯实行行为提供了契机[②]。由此，过失犯认定从以对主观注意义务（结果预见义务）的违反为中心转变为以对客观注意义务（结果避免义务）的违反为中心。此后，修正的过失论也强调过失犯实行行为的重要性。

在过失实行行为问题上，国内的研究还比较薄弱。从笔者在对国内相关理论文献的收集整理中发现：仅有十余篇与过失实行行为问题相关的主题文献，且学界的既有研究几乎都没有参照我国的司法实践，仍然停留于

---

① 陈子平：《刑法总论》，元照出版公司，2017，第212页。
② 何荣功：《实行行为的分类与解释论纲》，《云南大学学报（法学版）》，2007年第3期。

教科书中所宣讲的经典案例及虚拟案例，如山羊毛案、载重卡案、奴夫卡因案等，或着墨于分析域外案例①。由此可见，不同于其他刑法问题所处的存量研究阶段，我国对于过失实行行为的深入思考和研究处在一个增量的发展阶段。陈兴良教授曾一语中的地指出我国刑法理论和司法实务虽存在过失犯罪的研究，但却缺乏犯罪过失的研究，特别是过失实行行为的研究。我国传统刑法理论重视过失犯罪的研究有意无意地忽略了犯罪过失的研究，导致其理论深度和体系化存在不足；我国司法实践中也存在仅仅关注和考察危害结果要素，只要结果发生就一概将行为人处以过失犯罪的乱象，导致不公正、不合理的刑法归责结论和负面社会效果。理论研究的薄弱和司法实务的不妥当处理都昭示着深入研究过失犯特别是过失实行行为具有重要价值和意义，其对我国刑法的规范化、科学化、精细化具有非常重要的理论价值，对于纠偏我国司法实践中一些不合理、不妥当的结论和做法具有十分重要的现实意义。

二、我国过失犯规制模式的特殊性

与德日过失犯立法模式承认过失危险犯有别，我国过失犯规制范围仅限于过失实害犯。

（一）立法侧面：过失犯的规制局限于结果实现

法定犯时代，过失犯的内容由法律创设。总则第 14 条第 2 款规定，"故意犯罪，应当负刑事责任"；第 15 条规定，"应当预见自己的行为可能发生危害社会的结果，因为疏忽大意而没有遇见，或者已经预见却轻信能够避免，以致发生这种结果的，是过失犯罪。过失犯罪，法律有规定的才负刑事责任"，确定了"处罚故意犯为原则、处罚过失犯为例外"的处罚原则。与此同时，分则同样没有对过失犯的实行行为进行明确规定或者表

---

① 车浩：《假定因果关系、结果避免可能性与客观归责》，《法学研究》2009 年第 5 期。陈璇：《论过失犯的注意义务违反与结果之间的规范关联》，《中外法学》2012 年第 4 期。

述,而是在某些罪名中直接使用"过失"这一词语,如过失致人重伤罪、过失致人死亡罪,或者在法条中表述为"违反某项法律法规,造成严重后果"等。由是之故,根据罪刑法定原则的要求,无论是故意犯还是过失犯,都需要刑法明文规定的才能进行定罪量刑,而对于刑法没有规定为犯罪的则一律不得法外入罪。从这一点看,似乎故意犯与过失犯的处罚模式并无区别,但实际不然。"处罚故意犯为原则、处罚过失犯为例外"的处罚原则背后实际体现的是刑法对故意犯和过失犯规制范围的不同,即故意犯包括故意实害犯与故意危险犯两种类型,而过失犯仅限于过失实害犯单一类型。换言之,刑法中的过失犯的成立很大程度上只局限于责任领域,确立过失犯的处罚依据和处罚范围完全从行为人的主观罪过态度进行证成,对过失犯罪的客观方面关注阙如,将过失犯罪的客观构成要件限缩为结果,规制范围局限于实害犯。

根据总则和分则关于过失犯罪的具体条文,可以看出,我国的过失犯罪以结果发生为要件,但是对于"结果"的具体内涵,法律尚未明确规定,学界对此有四种见解。一是"实害结果说",认为总则中的"结果"只能理解为实害结果,危害结果是过失犯罪的客观尺度,一旦被突破,很容易造成过失犯罪的范围无限制扩大。但是,过于形式化地解释不利于法益保护,也不适应于风险社会的需要,因此不具有合理性。二是"区分无意义说",储槐植教授认为对于危险结果是否属于犯罪结果的争论没有太大的实际意义。因为公共安全法益自身具有特殊性,其法益价值已经超出其自身而外延到安全性,因此造成公共安全法益处于危险之中的行为,就已经是对公共安全法益的侵害。而纵观世界各国关于过失危险犯的立法,无不是突出了对公共安全法益的特殊保护[①]。虽然此说从刑法的实质目的是保护法益的角度论证了其观点,但是其抛开对法律条文进行解释的做法,违反了罪刑法定原则。三是"重构说",认为我国《刑法》第15条中的"结果"应该修改为"结果和严重危险"。随着科技的发展,传统的过

[①] 储槐植、蒋建峰:《过失危险犯之存在性与可存在性思考》,《政法论坛》2004年第1期。

失犯罪理论已经很难满足现代社会的需要了，因此需要重构我国的过失犯罪理论，增设过失危险犯①。但是由于其需要进行修法程序，增加立法成本，也不是最优选择。四是"双重含义说"，认为《刑法》第 15 条中的"结果"应当广义地解释为包含实害结果和发生实害结果的危险两种情况。日本很多学者认为危险犯和实害犯同于结果犯，我国学者在此基础上进一步提出，危险犯与实害犯同是结果犯，只是结果不同，危险犯所要求的是危险状态的结果，而实害犯要求的是实际的损害②。总则对结果的概括式规定正是为过失危险犯的成立预留下空间，因为分则中存在过失危险犯的规定③。

笔者赞同"双重含义说"。首先，有学者使用实质解释论的方法，从法益保护和维持法秩序稳定的角度论证结果的广义性。其次，也有学者采用了主观解释论的方法，根据刑事立法者的意图，即分则中既然存在有过失危险犯的立法例，那么总则中关于结果的规定也就理应包括造成危险这种状态，以此来论证自己的观点。实质解释的方式更能实现对法益的保护，同时也避免了法律条文的频繁改动。立法技术是有限的，而社会的变化是无穷的，先前的立法无论如何也无法涵盖将来的所有情况，如果一再对法律条文进行修改，则不利于刑法的稳定性进而可能动摇公众对刑法的敬畏感，但是通过实质解释就可以较合理地解决这个问题。

（二）司法侧面：过失犯的判决依赖于责任要素

实行行为不仅是一种行为，而且是一种构成要件该当的行为。其虽然是在个别学说理论中运用的理论概念，但在我国过失犯实务判决中，至少从中国裁判文书网公开的判决来看，并未运用实行行为概念来特定过失犯行为。

搜索中国裁判文书网，会发现我国实务是有使用"实行行为"概念的。进一步研究其所涉及的案件或争议焦点，则可发现其多用在故意犯竞

---

① 刘基、屈耀伦：《论过失危险犯》，《兰州大学学报》2003 年第 2 期。
② 高铭暄：《中国刑法学》，中国人民大学出版社，1989，第 169 页。
③ 吴富丽：《过失危险犯的立法基础探析》，《中国刑事法杂志》2005 年第 6 期。

合问题、故意犯之正犯与共犯之区分、故意犯之共同正犯实行行为之认定、故意犯之构成要件是否为同一行为等问题中。并且可以推知，实务所谓之实行行为，事实上系指构成要件之行为，从而应该可以推出我国实务所谓之实行行为主要用于故意犯的问题。进一步限缩以"过失犯的实行行为"为关键词搜索中国裁判文书网，则可以发现相关判决虽有提及实行行为，但如对涉及实行行为部分的案例事实加以观察，则可以很清楚地看见之所以会出现"实行行为"四个字，基本上都是为了处理故意犯或故意共同正犯等前述与故意犯罪相关的认定，而无就过失犯实行行为认定的判决。

纵观当前我国司法实务处理过失犯罪的方式，法院在进行过失犯责任归属判断时，通常的做法是从已经发生的实害结果出发，回溯去找寻实害结果与行为人的行为在刑法上的因果关系，之后依据主观心态上的过失来判定是否成立过失犯罪。由此可见，我国实务确有运用"实行行为"概念，其主要适用的案例类型是故意犯、共同犯罪等。除此之外，实务中对于失犯的判决向来不运用或者不强调"实行行为"概念。

三、过失犯实行行为必要论的立场重申与理论深化

近年来，刑法学界关于过失犯实行行为的理论研究逐渐展开，掀起了一股实行行为概念必要性的纷争，对此，中外刑法理论存在不同的见解，目前肯定论占据主流地位，笔者试析之。

（一）过失犯实行行为必要论的立场重申

客观主义刑法坚持"无行为则无犯罪"的自由保障理念，要求归责过失犯罪就必须归责过失实行行为，从而承认过失犯实行行为的存在；罪刑法定主义要求以行为为中心设定犯罪构成来认定犯罪是一种限制司法权滥用的理念。故否定过失实行行为的存在或将实行行为置于构成要件之外作为构成要件该当性、违法性与有责性判断对象的思路是值得反思的。

1. 过失犯实行行为不要论之否定

实行行为理论经历了从形式性实行行为论向实质性实行行为论的转变。形式性实行行为认为实行行为指符合构成要件的行为，实质性实行行为认为实行行为是指具有侵害法益的现实危险、在形式上和实质上都符合犯罪基本构成要件的行为①。有学者否定传统实行行为的概念，认为在构成要件该当性的判断上，实行行为要件并非先验性的独立出现，在构成要件该当性的独立判断上，只有行为与构成要件结果之间是否具备刑法上的因果关系或客观归属，才是问题②。此说认为，包含了结果的行为才是构成要件评价的对象，从结果惹起区别开来的实行行为要件并无独立的意义，并且认为行为除了作为带来结果的危险的出发点这一意义之外，并无其他意义，从而，将行为独立出来评价，即有理论上的疑义，行为与结果惹起应该一并判断③。就这一立场而言，即使运用实行行为或构成要件该当行为的用语，事实上也仅意味着该行为因为招致结果的发生而成为处罚的对象，只不过代表结果的归属点，实行行为在犯罪论上并无特殊意义。

过失犯实行行为不要论认为不应出现过失犯实行行为这一概念，因为从过失犯的行为构成来看，找不到实行行为，自然也就不存在过失犯是否具有独立于故意犯的实行行为的问题。日本学者提出，实行行为不要论的展开，认为构成犯罪最重要的是法益侵害之结果，并且认为单独以实行行为本身为议论的问题并不适当。简单来说，学说上认为，危险判断必须在与特定结果的关系之中才能进行，而无法在未设任何前提的情况下，仅观察行为而判断是否具有实行行为性④。国内亦有观点认为，从实行行为的特征和过失犯的行为构造来看，应当认为，过失犯没有实行行为。"……过失行为并不具有实行行为所要求的主观上的有意性，也不是一种完整的独立行为……过失心理的不完整性和过失行为的他行为性突出表现于只有在

---

① 大谷实：《刑法总论讲义》，黎宏 中译，中国人民大学出版社，2008，第125页。
② 山口厚：《问题探究刑法总论》，成文堂，1998，第5页。
③ 同上。
④ 高山佳奈子、毕海燕：《"实行行为"概念的问题性》，《南大法学》2022年第5期。

过失犯罪的构成结果发生之后，才能将过失行为从目的行为中抽象出来，才能认为行为人对构成结果的发生存在过失心理；如果没有发生这种结果，过失行为和过失心理就无从体现。"①

过失行为不等于过失实行行为。实行行为与行为是两个不同的概念，犯罪是行为，并不意味着构成犯罪非得有实行行为②。作为犯罪成立要件，只需有行为，实行行为的概念是不必要的。我国刑法中的实行行为概念，应当是指符合刑法分则具体犯罪构成规定的对构成要件预定的法益侵害具有现实危险性的行为。如果以现实危险性来认定过失犯实行行为，在实害结果发生前只能通过结果发生的可能性来判断，但在风险社会的背景下，该论断难以实现逻辑自洽。如在教唆犯、帮助犯的场合，是否意味着教唆行为、帮助行为的实施便意味着成立教唆犯、帮助犯的实行行为？

否定论中的目的行为评价实际是参考了目的行为论的内容，论者否定过失犯实行行为的根本原因在于基于目的行为论的立场，认为人的行为不单纯是由意志支配的因果过程，而是有目的的活动。在过失犯情况下，行为人并没有某种目的性，所以过失犯只是对发生了伴随结果的目的行为的一种评价，过失行为不能判断为刑法上的行为。虽然韦尔策尔提出了现实目的与潜在目的，认为故意的行为是被现实的目的性所支配的，在过失的情形下则是潜在的目的性，以此来说明过失行为仍然是行为③。例如，甲在擦枪时碰到扳机误伤了旁边的乙，甲不具有伤害乙的目的，其目的行为就是擦枪行为本身，而发生的碰到扳机的行为只是其无意识的附随行为。但是从存在论的角度来看，这里的潜在的目的性是不能成立的。在犯罪论中处于核心地位的行为，归根结底是对造成犯罪结果的违反注意义务的行为，任何在犯罪构成要件以外来讨论行为的学说在刑法上都是没有意义的。因此，目的行为论无法否定过失犯的实行行为性，目的行为不是过失

---

① 周铭川、黄丽勤：《论实行行为的存在范围与归责原则的修正》，《中国刑事法杂志》2005年第5期。

② 周铭川：《论过失犯的行为构造》，《中国刑事法杂志》2008年第6期。

③ 大塚仁：《犯罪论的基本问题》，冯军 中译，中国政法大学出版社，1993，第29页。

犯罪评价的对象，过失行为都是指行为人的行为本身，而不是某种表征为具有目的的志向性行为。过失行为的主观面，不应从目的性而应从仅仅产生其态度的主观心情上求得①。

与此同时，随着社会的发展，各种工业产品在给人民生活带来便捷的同时，也带来了风险。一方面，在风险社会的语境下，几乎所有的行为都有实害结果发生的可能性，典型的如驾驶机动车，如果不谨慎驾驶就有发生交通事故的可能性。由此，任何行为只要在结果发生的时候都可以认定该行为具有实质危险。但是，通过实质化从行为中抽离出来实行行为的认定标准无疑会不当扩大过失犯的成立范围，限缩意外事件的成立空间，体现出了一种结果责任主义的倾向，与当前学界通说规范责任主义背道而驰。另一方面，理论应当服务于实践，任何理论工具的提出都必须符合我国现行立法规定，不符合我国现行立法规定的理论工具必然不能合理地解决现实问题。在我国的立法模式之中，过失犯不存在过失危险犯而只存在过失实害犯，因此，以现实危险性来认定过失犯实行行为存在违背我国过失犯仅限于实害犯这一立法模式的嫌疑。

对此，笔者认为采纳此一概念还存在一些根本上的问题。首先，过失犯实行行为不要论违反了刑法的信条——行为主义原则。法谚有云："无行为则无犯罪。"我国《刑法》第13条关于犯罪的法定概念，将犯罪界定为危害社会的、依照法律应当受刑罚处罚的行为。可以看出，这一犯罪概念具有行为刑法的特征，认为行为是犯罪的基础，也是犯罪的本体性要素②。行为主义原则是刑事立法、认定犯罪、理论研究和司法实务所必须坚持的一项基本原则，没有行为，无从认定犯罪，无从发动国家刑罚权。贯彻行为主义这一刑法准则是对罪刑法定原则的捍卫、坚守和落实。因而，任何犯罪都必须具有犯罪行为，这样才能进行刑事追责和刑事处罚。因此，作为刑事立法类型化抽象出的两大犯罪类型之一的过失犯，必须遵

---

① 大塚仁：《刑法概说（总论）》，冯军 中译，中国人民大学出版社，2003，第99页。

② 陈兴良：《教义刑法学》，中国人民大学出版社，2017，第70页。

守这一准则。换言之，过失犯罪也必须具有犯罪行为即实行行为才能进行刑事处罚，这是行为主义的必然要求。因此，实行行为的有无不仅在刑事实体法层面具有重要的意义，对刑事程序法亦有不可磨灭的重要价值，如果认为过失犯罪不具有实行行为，缺乏考察的起点，对其进行刑法规制和刑事处罚将无从谈起，也将面临合理性和正当性质疑。其次，否定过失犯存在实行行为，违背了刑法的客观主义立场，可能陷入主观归责的泥潭。目前学界在定罪过程中都普遍认为主客观相统一原则的适用应以客观要素为基础，并大多赞成事实判断应优于价值判断，客观判断应优于主观判断这样一种基本的刑事思维路径与方法。易言之，刑法基本立场存在客观主义与主观主义之争，现代刑法已逐步倾向于客观主义立场，摒弃主观主义立场。正如日本有学者指出，犯罪论体系通过阶段性的深入，即由形式的判断进入实质性判断，由客观性要素的判断进入主观性要素的判断，从而确保裁判官判断的正确、适当[①]。我国也有学者认为，若要体现刑法的法益保护机能，实现罪刑法定原则，就应当优先考虑行为的客观面，再评价行为的主观面。例如，在甲基于希望乙死亡的主观心理，劝说乙出差时乘坐某航班，而乙恰巧死于该航班的航空事故。若先评价行为的主观面认为甲具有杀人的故意，无疑就会忽略甲劝说乙乘坐飞机行为的非实行行为性，进而认定甲成立故意杀人罪既遂。但若先考虑行为的客观面，就会分析得出行为性质不是由故意、过失决定的，而是由行为本身决定，故甲的劝说行为并非实行行为的结论。因此，对于过失犯的认定，必须从客观的行为角度切入，在确认具有实行行为的前提下，才能进一步判断主观罪过，进而实现整个犯罪的证成。承认过失犯的实行行为，不仅是在风险社会的现实背景下严格依法认定过失犯罪的重要手段和出发点，也体现和贯彻了刑事立法限制过失犯处罚范围、避免结果责任的内在要求，符合罪刑法定原则的根本精神。最后，过失犯认定所具有的结果依附性并不是绝对的，不可将其与行为的独立判断混为一谈。刑法理论中的主流观点认为，过失犯成

---

① 西田典之：《日本刑法总论》，刘明祥、王昭武 中译，中国人民大学出版社，2007，第45页。

立的前提就是实害结果的发生,所有的过失犯都是结果犯,但是"虽然犯罪的过失行为是以结果的发生为转移的,但在司法判断上,犯罪的过失行为还是可以在逻辑上独立于结果而单独予以判断的"①。排除过失实行行为的明确化、定型化的指引,仅从结果出发进行刑事归责,无法为全体国民提供行为预测可能性判断标准和保障,会抑制行动自由,不利于发挥刑事立法的一般预防作用。与之相反,即使肯定结果对于过失犯成立的重要性,但由于因果关系要判断的是行为与结果之间的关系,在没有实行行为的逻辑前提下,也存在如何判断因果关系,以及如何将结果归属于行为人的问题。因此,从犯罪的逻辑结构和犯罪论体系的逻辑思维出发,否定过失犯的实行行为,过于强调过失犯的结果犯特征,容易不当扩大过失犯的处罚范围。

2. 过失犯实行行为必要论之立场重申

与过失实行行为不要论相对立,过失犯实行行为必要论则认为过失犯具有实行行为。在具体个案中,例如在雷雨中邀请恋人上山看星星的行为,可以以无实行行为性来排除其构成要件该当性。但是如果让被害人前往野兽非常多的原始森林,从实行行为角度考虑,则不能在构成要件阶段排除其犯罪性,仍应承认犯罪的成立。但是过失犯的实行行为是否独立于故意犯的实行行为,中外刑法理论存在不同的见解。

(1) 故意与过失实行行为同一论

同一论认为过失犯与故意犯在构成要件符合性和违法性两个层面是相同的,仅在责任阶层存在差别。过失仅仅是责任阶层的责任要素,与故意一样都是犯罪的主观心理要素。易言之,过失犯没有区别于故意犯的实行行为,二者共用一个实行行为概念,否定过失犯实行行为的独立性价值。认定过失犯与故意犯的区别在于行为人对实害结果发生所持的主观心理态度,从而在责任层面认定行为人主观上具有可非难性。例如,丈夫试图杀害妻子,于是将毒药混入矿泉水中,将水放置于壁橱中,打算在妻子下班回来之后拿给妻子喝。但没想到妻子提前下班回来,在丈夫不知道的情况

---

① 陈兴良:《判例刑法学》,中国人民大学出版社,2017,第311页。

下自己喝了有毒的矿泉水，之后身亡。在此情形下，首先能肯定丈夫的行为同妻子的死亡之间具有相当因果关系，但因为丈夫并没有实施故意杀人的实行行为，所以只能认定丈夫构成故意杀人罪的预备或者过失致人死亡罪。由此可见，故意犯与过失犯的实行行为是可以相同的。本案中，丈夫的行为既可以是故意杀人罪中的预备行为，同时又因为造成了妻子死亡的结果，也可以认定是过失致人死亡罪中的实行行为，通过该行为，可以分析出丈夫主观上所具有的故意或过失心理，进而认定丈夫的行为构成故意杀人罪或者过失致人死亡罪。这种观点在我国传统刑法理论和德日等大陆法系国家的刑法理论中占据着优势甚至支配性地位。主要是旧过失论坚持这一观点。

传统刑法理论在构建犯罪论体系之初，主要以故意犯为蓝本和模型，未能深入研究和发现过失犯犯罪构成的独特性、特殊性及其与故意犯存在的差别，这也为过失犯与故意犯实行行为同一论提供了理论和条件。仅将过失作为责任阶层的责任要素看待，并将过失犯的实行行为与故意犯的实行行为完全混同，合二为一，虽然形式上保存了过失实行行为存在的概念和空间，但在事实上却在一定程度上抹杀了过失犯实行行为的独立性与特殊性，纯粹沦为构成要件符合性阶层的摆设，没有任何实际意义。伴随经济社会和新兴科技的迅猛发展，人类社会生活发生了巨大变化，刑法理论呈现出日益深入、精细化的发展趋势，在过失犯刑法归责法定化、明确化、限定化、严谨化的现实背景下，原有的故意犯蓝本之犯罪论体系出发点和先天背景面临着挑战。

（2）故意与过失实行行为区分论

故意与过失实行行为区分论认为，过失不仅是责任阶层的责任要素，还是构成要件符合性和违法性两个阶层的考察对象，是一种与故意并列的主观构成要件要素。可见，过失不只是责任的问题，同时也是违法性及其构成要件的问题[①]。过失犯要进行独立的构成要件符合性判断和违法性判断的逻辑前提是过失犯具有实行行为，而且这种实行行为不同于故意犯。

---

① 山中敬一：《刑法总论》，成文堂，2015，第388页。

换言之，过失犯实行行为是一种独特的行为类型，与故意犯实行行为属于并列关系。过失犯的实行行为性比故意犯的实行行为性要弱，这是因为刑法往往没有严格地规定过失犯的实行行为。针对过失犯理论的发展，笔者结合各种学说的主要观点和基本立场做了如下总结（见表2-1）。

表2-1 过失犯的理论源流

		过失理论				
		旧过失论（预见可能性说）	新过失论（基准行为说）	新新过失论（不安感说/危惧感说）	修正的旧过失论	客观归责理论
理论内容	体系论	责任要素	责任要素+违法要素+构成要件要素	责任要素+违法要素+构成要件要素	责任要素+构成要件要素	构成要件要素
	注意义务	以结果预见义务为中心	以结果回避义务为中心	以结果回避义务为中心	注意义务（预见义务+回避义务）	创设法所不容许的风险
	预见可能性	具体的	（具体的）	（抽象的）不安感	具体的	抽象的（争议）
	处罚范围	扩大	限制	扩大	限制	限制
	理论基础	法益侵害说；结果无价值	规范违反说；行为无价值	规范违反说；行为无价值	法益侵害说；结果无价值	结果无价值
	过失犯的实行行为	必要论；同一论	必要论；区分论	必要论；区分论	必要论；区分论	必要论；区分论

从表2-1中可以发现，在过失犯的实行行为问题上，刑法理论中虽然存在不要论与必要论的争议，必要论内部又存在同一论与区分论的对立，但是，必要论及其阵营下的区分论占据主流地位。笔者赞同过失犯实行行为必要论，而且认为在构成要件符合性和有责性两个阶层中，存在双重的故意（构成要件的故意和责任的故意），那么也同样存在双重的过失（构成要件过失和责任的过失），在此基础上，过失作为一种主观构成要件要素，也需要与之对应的客观构成要件要素。因此，过失犯具有独立的、区别于故意犯的实行行为。

首先，我国通说从认识因素和意志因素两方面来界定行为人的主观心理状态，但在大多数情况下，行为人的主观心理状态是难以证明的。比如在间接故意和过于自信过失的区分上，在认识因素层面，二者都认识到自己的行为会发生法益侵害的结果；在意志因素层面，间接故意表现为放任危害结果的发生，过于自信的过失表现为轻信能够避免而没有避免从而导致结果发生。由于既有理论研究对二者的区分尚有困难，因此，我国司法解释主张通过行为人的客观行为的具体表现来推定行为人主观上是故意还是过失，将行为人的主观认识建立在客观行为之上，从而可以发现故意行为与过失行为很多时候是不一致的，否则将无法对其进行责任客观化的判断。其次，实行行为是指构成要件该当、具有法益侵害危险的行为。法益侵害的危险性是故意犯实行行为的实质内容，这一实质内容是以形式上具备构成要件该当性为前提的。刑法学界多是从具有"法益侵害的危险性"这一角度对故意犯的实行行为进行理解的，从法益保护的角度对故意犯的实行行为进行实质性的定义。而所谓的过失犯的实行行为，一般认为是指行为人违反注意义务实施的具有导致危害结果发生的现实危险性的行为，即认为过失犯实行行为的本质是"违反注意义务"，从这一点上看，过失犯实行行为与故意犯实行行为的本质存在明显的差异。

区分论强调过失犯实行行为与故意犯实行行为在体系地位上的平等性，并且增加了注意义务，凸显了过失实行行为本身的特殊性，使其与故意犯实行行为产生一定的区分度。但是"法益侵害的危险性"这一概念本身欠缺明确性，使得过失犯实行行为的认定欠缺可操作性，问题在于，现实的危险究竟要达到何种程度才满足要求？由于过失危险犯理论构建的目的就是为了维护公共安全这一超个人法益，所以相关罪名（我国《刑法》第330条、302条、133条等）设计集中于公共安全领域是其应有之义。此举也可最大限度减少过失危险犯罪对公民权利的侵犯，发挥其秩序维护功能。

（二）实行行为区分论视域下的过失实行行为类型论

实行行为是一种具有侵害法益现实危害性的定型的行为，类型化的规范是其存在前提。具体的行为是类型化的规范被特定化的素材，行为自体独立蕴含的能够导致法益侵害现实紧迫危险的属性，是决定具体行为成为实行行为的内在规定性，亦即实行行为性。对故意犯罪而言，由于行为人具有积极的反规范态度，行为人在特定犯意支配下实施的行为往往具有较强的类型性，而且其构成要件的客观方面要素，通常是明确的或者是可以通过法律法规的援引明确化的。因此，很容易判断其符合何种构成要件所预设的行为类型。对过失犯罪而言，结合我国现行刑事立法的规定，我国刑法中的过失包括过于自信的过失和疏忽大意的过失，理论上也称之为有认识的过失和无认识的过失，但这种集中于主观要素差异的分类无助于过失实行行为的界定。因此，在对过失犯进行研究的时候，应当对其进行科学分类①。根据行为样态和规范类型，过失犯的实行行为可以分为以下几类。

1. 作为型过失犯、不作为型过失犯与竞合型过失犯

在旧过失论特别是修正的旧过失论看来，过失实行行为是行为在具有结果预见可能性的基础上怠于履行结果预见义务导致危害结果发生，这种危险行为既包括作为也包括不作为。新过失论则认为根据社会基准行为及其规范准则的要求，过失实行行为就是偏离了社会基准行为而没有采取结果避免措施的不作为。例如，行为人在限速40公里的道路上以60公里的速度行驶，由于不注意将行人A撞死。新过失论认为本案的过失实行行为是行为人不按照基准行为即以时速40公里行驶的要求，不从60公里减速到40公里的不作为，（修正的）旧过失论则认为本案的实行行为是行为人以60公里这种危险速度行驶的作为②。个别新新过失论者如日本学者高桥则夫在坚持故意过失实行行为相同的基础上，则认为过失实行行为是作为而不是不作为。

---

① 陈兴良：《纯正的过失犯与不纯正的过失犯：立法比较与学理探究》，《法学家》2015年第6期。
② 陈家林：《外国刑法理论的思潮与流变》，中国人民公安大学出版社、群众出版社，2017，第239页。

过失犯不仅有实行行为,而且有作为与不作为之分。但是,学术界关于过失犯的实行行为的讨论,往往会走向不作为的误区,尤其是新过失论将结果回避义务设定为客观上一定的行为标准,即客观的注意义务,常常将过失犯与不作为犯混淆起来。从刑法规范的性质上区分,违反禁止性规范的常常是作为型过失犯,违反命令性规范的常常是不作为型过失犯。所谓作为型的过失犯,是违反以禁令形式为内容的构成要件规范时,构成作为型过失犯罪,诸如过失致人死亡、交通肇事罪等,是刑法中常见形态的过失犯罪。所谓不作为型的过失犯,是违反以命令形式为内容的构成要件规范时,构成不作为型过失犯罪,诸如逃税罪、拒不履行裁判判决罪等,常常也同时是纯正形态的过失犯。所谓竞合型过失犯,是过失犯的实行行为既可以解释为作为,也可以解释为不作为,诸如将油门当刹车踩而引起交通事故的行为,我们既可以解释为踩刹车的不作为,也可以解释为踩油门的作为,立足于行为无价值,应当优先解释为不作为①。

2. 纯正的过失犯与不纯正的过失犯

从作为犯与不作为犯的区分角度出发,可以将过失犯分为纯正的过失犯和不纯正的过失犯。所谓不纯正的过失犯类似于既可能由作为构成,又可能由不作为构成的不纯正的不作为犯,某种犯罪既能由过失构成又能由故意构成;所谓纯正的过失犯是指,类似于只能由不作为构成,而不能由作为构成的纯正的不作为犯,某种犯罪只能由过失构成而不可能有故意构成,则其过失犯可称为纯正的过失犯②。结合我国刑法规定,不纯正的过失犯居于多数,纯正的过失犯相对较少,主要有交通肇事罪、危险物品肇事罪、教育设施重大安全事故罪等22个罪名③。对此,应当区分纯正过失犯与不纯正过失犯两种过失犯类型,并分别予以分析。由于不纯正的过失犯有与其规定一致的故意犯罪相对应,且二者的罪状描述基本相同,因

---

① 胡洋:《论过失犯实行行为的不作为犯解释》,《甘肃政法学院学报》2016年第5期。

② 陈兴良:《纯正的过失犯与不纯正的过失犯:立法比较与学理探究》,《法学家》2015年第6期。

③ 胡洋:《论过失犯实行行为的不作为犯解释》,《甘肃政法学院学报》2016年第5期。

此，二者共用同一构成要件，具有相同的实行行为，对于不纯正的过失犯实行行为之界定，可以采取与故意犯之实行行为相同的规定。更需关注的是纯正的过失犯，由于不存在与之对应的故意犯，因此其实行行为无法参照故意犯认定，定型化程度较低，具有一定的特殊性，对此需要进一步分为普通过失和业务过失两种情形分别讨论。

对于普通过失类型的纯正过失犯，由于日常生活中的注意义务复杂多样，且不具有成文性和类型化特征，笔者认为采取新过失论的基准行为说具有合理性。以违反注意义务、偏离社会一般规范的基准行为作为第一步的形式判断，然后进行该行为是否具有实质上不被允许的引起法益侵害危险的实质判断，从而确立实行行为。陈兴良教授认为，"过失犯和间接故意犯罪一样，在结果没有发生的情况下，其行为不具有犯罪性，因而不存在脱离结果的实行行为。过失犯的实行行为具有被结果决定的属性"。亦即，其认为还要考察过失犯的结果来确认过失实行行为的存在。笔者认为这不仅减损了过失实行行为的独立性价值和研究必要性，事实上也可能阻碍和限制过失犯理论发展，导致过失犯局限在过失结果犯范畴，导致过失行为犯、过失危险犯甚至过失未遂犯没有容身之处，而且这一判断可以通过信赖原则和被允许的危险原理适用予以解决。业务过失类型的纯正过失犯既包括一般的业务领域，也包括职务领域，主要发生于事故型过失和渎职型过失犯罪。笔者认为违反包括内部操作规程守则在内的行政法等前置法规范确立的义务准则和要求是第一步的形式判断，然后进行是否具有实质上不被允许的引起法益侵害危险的实质判断。

四、过失犯实行行为的定型性问题

如前所述，刑法理论上过失犯的实行行为被视为与故意实行行为相并列的特定行为类型，具有独立的存在意义，跳脱了将过失仅限于责任要素进行研究的旧过失理论。学界一般认为，过失实行行为缺乏定型性，或者说过失实行行为的定型性比故意犯罪实行行为的定型性要缓和得多①。过失实行行为之所以在很长一段时期内没有被关注，一个重要的原因就是由于其类型的宽缓性难以定型，只能通过过失心态或者危害结果来间接界定②。客观主义刑法不仅要求罪与非罪、此罪与彼罪之间要有明确的界限，对于个罪本身也应该有一个较为明确的范围，否则就会违背罪刑法定主义。因此，具备基本要素功能、界限要素功能、结合要素功能的实行行为只有在其具有定型性的时候才能实现③。那么，过失犯的实行行为应该如何判断、特定？针对这一问题，学界形成了两大阵营，即德日刑法理论通行的"注意义务违反说"和借鉴客观归责理论界定过失实行行为。笔者将通过观察过失犯的不同案例类型，尝试对过失犯实行行为的认定方法提出初步设想，力图将过失犯的实行行为从逻辑上的概念转化为事实上的归责规则。

（一）事实层面：基于违反注意义务的过失犯实行行为

德日刑法理论通行的"注意义务违反说"将注意义务违反界定为过失犯的本质和过失实行行为，过失犯实行行为被理解为行为人怠于履行或者违反注意义务。据此，行为人怠于履行或者违反客观上被要求的注意义务而实施的一定作为和不作为是过失犯的实行行为。无论是旧过失论还是新过失论，抑或是新新过失论和修正的旧过失论，实际上都围绕着注意义务这一概念及其内涵展开理论阐述。因此，在认定违反注意义务的时候，首先应当明确什么是注意义务。

注意义务是以结果预见力和结果回避力为前提的结果预见义务和结果回避义务。结果预见义务是规制行为人内部侧面的义务，而结果回避义务则是规制行为人外部侧面的义务④。法律只能规制人的外部行为而不能规

---

① 张明楷：《刑法学》，法律出版社，2021，第292、294页。
② 高洁：《过失犯实行行为研究》，《刑事法评论》2007年第20期。
③ 陈子平：《刑法总论》，中国人民大学出版社，2009，第84页。
④ 西原春夫：《犯罪实行行为论》，戴波、江溯 中译，北京大学出版社，2006，第73页。

制人的内心世界，因此，注意义务是要求行为人为一定行为或不为一定行为的客观要求，但绝不能把界定犯罪过失的注意义务违反与犯罪过失画等号，也不能把注意义务违反与过失实行行为画等号。注意义务违反应该是过失实行行为的下位概念，是过失实行行为最重要的属性之一，其自身不具有实行行为性，不能独立担当起过失实行行为的功能与责任。

新过失论和修正的旧过失论通过对注意义务的含义进行扩充解释，克服了旧过失论的一些缺陷，在过失论的发展进程中成为两种较有影响力的理论，能够妥善解决大部分案件问题。但是在少部分案件中，适用注意义务违反说仍然存在一些问题，仅以注意义务的违反作为过失犯实行行为的认定方式不能做出合理的解释。如在交通肇事犯罪中对于行为人即使采取避免措施仍然无法避免结果发生的情况仍然要以该罪论处；在日常生活中行为人实施的轻微殴打行为，即作为故意伤害甚至故意杀人的实行行为，或在主观故意难以证明的情况下径直认定为过失致人重伤、死亡行为，进而以过失致人重伤罪、过失致人死亡罪追究行为人的刑事责任。其中存在的问题不容小觑：首先，注意义务违反说由于注意义务的内涵和解读不同，导致学说内部观点林立，进而导致判断标准不明确，是否需要对注意义务进行规范限缩以及如何限缩问题有待解决；其次，将客观的实行行为的判断求之于本身具有较强主观性的注意义务一词，使得主观心理态度作为实行行为认定标准难谓妥适；最后，在一些行为人看似违反注意义务但却不具有可罚性的过失案件中，注意义务违反说基于行为无价值立场仍然将行为人的行为认定为过失实行行为使之该当构成要件符合性，有违强调自由民主、个人主义、权利本位的社会价值观和立法导向。如何尽早排除对不成立过失犯实行行为的违法性评价，从而避免行为人和全体国民行动自由和可预测性受到不应有、不妥当的限制，可能是注意义务违反说亟须解决的课题。

当然，需要指出的是注意义务违反说虽然存在一些疑问和不足，但在过失犯实行行为认定中仍然存在一些价值和意义。基于规范违反说和行为无价值立场，其在规范和指引包括行为人在内的全体国民行动方向和行动自由选择层面的考虑仍然是值得肯定并予以坚持的。

（二）规范层面：基于违反客观归责理论的过失犯实行行为

客观归责的概念最早由拉伦茨（Karl Larenz）提出，而拉伦茨的概念来源于黑格尔（G. W. F. Hegel）的归责思想。拉伦茨在该归责思想的基础上演绎出了客观归责理论，之后，经过霍尼希等学者对该理论的进一步发展，最终在罗克辛（Claus Roxin）教授那里得到系统地完善①。罗克辛教授认为，过失性犯罪的构成要件，只要其不包含一种额外的举止行为的说明，就只有通过客观归责的理论才能得到满足：一个被归责于客观构成要件的结果就是过失造成的，不需要其他标准。对于一种过失的构成要件实现的确定，是不需要那种在客观归责的理论之外所获得的标准的②。实际上，客观归责理论迄今为止最大的贡献，正是在于过失犯领域及其要件体系化的重构③。其认为过失的实行行为应当被界定为创设具有实质性危险或曰法所不容许的风险，并通过判定结果可否归责于该行为来认定其是否具有实行行为性④。

以注意义务违反说为核心来认定过失实行行为因缺乏更为具体、类型化的判断规则遭遇困境，而客观归责理论通过将传统归责的诸要素加以整合，并通过创设法所不允许的风险、实现法所不容许的风险、构成要件的规范保护目的三大判断规则的层次化递进以及一系列下位规则的检验，使得过失实行行为的认定在客观层面有了更为精细化的判断标准。正如学者所言："客观归责理论将传统归责的诸归责加以体系化，用一个更上位的概念统摄起来，这种重新表述本身就具有思想性、建构性和创新性。"⑤

客观归责理论践行的判断路径是从行为到结果，由事前的判断到事后

---

① 王政勋：《犯罪论比较研究》，法律出版社，2009，第200页。
② 克劳斯·罗克辛：《德国刑法学总论》第1卷，王世洲 中译，法律出版社，2015，第713页。
③ 林玉雄：《新刑法总论》，元照出版有限公司，2018，第507页。
④ 高洁：《过失犯实行行为研究》，《刑事法评论》2007年第20期。
⑤ 李波：《规范保护目的理论与过失犯的归责限制》，《中外法学》2017年第29期。

的判断。换言之，在具备因果事实关系的情况下，从规范上对过失实行行为进行考察，进而决定是否对行为人归责。据此，其认定过失实行行为的思路体现为：第一步，运用"制造法所不允许的风险"这一判断标准对过失实行行为进行正面认定，也即对已经发生的损害事实进行分析，判断客观上是否具有法益侵害的紧迫性（法所不容许的风险）；第二步，通过未制造风险、风险降低、制造容许的风险、参与被害人自我危害的行为、危害结果超出注意规范保护目的范围等一系列归责排除情形对是否制造了法所不容许的风险进行反面认定；第三步，通过"实现法所不容许的风险"和"构成要件的效力范围"对前述两个环节进行实质解释和检验。三个条件均满足则认定过失实行行为存在，从而进一步解决归责问题。这种判断路径使得过失不法有了更精细化的标准，在行为层面就可解决过失犯的归责问题。

客观归责理论基于对注意义务违反说的反思和批判，突破并解决了既有过失理论对过失实行行为认定的困境。突出表现在以下几点：一是客观归责理论尝试将虽然违反注意义务、创设不被允许的危险，但却不存在引起法益危害结果的危险的行为，通过实质判断的手段排除在构成要件之外，为过失实行行为的认定提供了精细化、体系化的判断的依据，使得过失实行行为的内容不至于过于宽泛和不合理。从这一点上看，客观归责理论实际上意图限制过失犯的成立范围，使得构成要件中的过失实行行为认定实现尽早出罪，从而体现人权保障的根本精神。二是过失犯的实行行为具有被结果决定的属性，因而不能完全在切除结果的条件下单独判断过失犯的实行行为。注意义务违反说立基于行为无价值，片面强调过失实行行为的独立性是不够的。客观归责理论在吸收注意义务这个核心词汇的同时，立足于结果无价值论，结合危害结果对过失实行行为的进行认定。

然而，理论上仍然存在批评的声音。第一，我国当前实务界通行的依然是四要件的犯罪构成体系，但客观归责理论是在德日三阶层视域下展开的，在进行进一步思考和研究的同时，应当做好理论的对接与融合，为实务工作扫清理论障碍。第二，客观归责理论立基于鲜明的结果无价值立场仍然重视危害结果之于过失犯的重要意义,罗克辛教授甚至将过失实行行为的认定等同于可归责于该行为的结果的出现本身,这不仅导致过失犯的解释无法扩展延伸至过失危险犯、过失行为犯甚至过失未遂犯,而且也弱化了过失实行行为的独立性。第三,客观归责理论剔除结果回避义务,保留结果预见义务,但这无法成为判断外在的法益侵害危险的资料,只能作为判断主观瑕疵意思的基础①,与其秉持的结果无价值立场可能自相矛盾。第四,在因果关系的基础上发展起来的客观归责理论,其注意义务规范保护目的存在模糊性,即使把创设不被允许的危险的行为作为过失犯的实行行为来理解也会扩大过失实行行为的范围,从而有可能认定过失犯存在未遂等,扩大对过失犯的处罚范围。

(三)理论证成:在过失实行行为类型论视域下探讨

综合考察前述注意义务违反说和客观归责理论,笔者认为各有优劣,这和各自理论的出发点和理论基础存在紧密制约关系。如果立足于规范违反说,坚持行为无价值论(不论是一元的还是二元的),则实际意图为在行为人行为时的事前或事中确立进行刑法归责的举止,这不仅有助于行为人认识到自己行为的危险性和可能引发的危害后果,实现特殊预防,而且对于其他社会公众而言,也可以提供一个相对具体的模型,从而保持对于行为后果的可预测性,进而提醒自己保持必要的甚至高度的注意,指引自己的行为选择以避免危害结果的发生,从而实现一般预防。尤其是将过失实行行为理解为违反结果回避义务的新过失论,在其框架下,通过整理行政法规范或者积累司法判决,推动刑法上注意义务的类型化,不仅使得刑法要求一般民众遵守的行为准则明确化,有利于保障民众的预测可能性,而且能够引导一般人避免实施侵害法益的行为,通过积极的一般预防促进对法益的保护。如果立足于法益侵害说,坚持结果无价值论,实际上不可避免的受制于结果,结果的发生与否仍然会较大程度影响和制约对于实行行为的判断,这在一定程度上减损了实行行为独立性的价值。而且这一观

---

① 王海涛:《行政法规范之违反与过失实行行为之认定:基于新过失论的阐释》,《法学研究》2014年第2期。

点更多的是从事后的角度进行判断，很有可能将行为人行为时无法认识的素材加入事后判断范围，造成归责失当；同时，难以在事前为社会公众提供行为预测和指引。对此，本文认为认定过失犯的实行行为不仅是一个事实判断，也是一个法律评价意义上的规范判断；不仅需要做形式判断，也需要做实质判断。必须坚持事实判断和规范判断、形式判断和实质判断的双层判断模式。因此，立足于行为无价值与结果无价值的二元论立场，过失犯的实行行为可以被界定为违反注意义务且具有实质上不被允许的引起法益侵害的危险的行为。

1. 作为型过失的场合

如前所述，过失实行行为只有在事实和规范两个层面上才能得到准确的把握。比如，在一列正在运行途中的火车上，一位未获取医师执照的医学院学生为一名重症病人紧急医治，而且当时的环境只能依赖于这名学生，但最终由于消毒条件以及技术条件的不足，导致了病人的死亡[①]。法院认为，学生对于有可能导致病人死亡的结果具有预见可能性，而且其行为也导致了危害结果的发生，为法规范所禁止，因此成立过失，这是旧过失论的理论立场。

从客观事实层面考察，学生的紧急医治行为导致了病人死亡的结果。由于紧急医治行为与死亡结果相关联，因此被认定为过失实行行为的载体，离开紧急医治行为就无法从规范层面对死亡结果为学生设定结果预见义务和结果回避义务，学生的注意义务就成了无源之水、无土之木。从规范层面考察，紧急医治行为若在施救人员已取得医师执照的情况下，就是一个日常生活中的行为；但从经验角度看，未获取医师执照的医学院学生实施的医疗行为本身就有可能引发危害结果，因而从规范的角度就应该科以行为人结果预见义务和结果避免义务，该义务成为医治行为的一种负担。如果该注意义务没有充分加担于医治行为，该行为在引发规范不能容忍的结果时，就会成为过失实行行为。

[①] 杨丹：《医疗刑法研究》，中国人民大学出版社，2010，第200页。

2. 不作为型过失的场合

在过失不作为的场合，从事实层面考察，由于不作为是指对阻止构成要件的结果发生具有原因力的事实，故在该层面过失实行行为的成立有赖于特定身份或者特定作为义务的"行为人"，而不是依赖于物理意义上的"行为"。在规范层面上，行为人的结果预见义务和结果回避义务无法加担于行为人应有的作为行为，即行为人的结果预见义务和结果回避义务由于事实层面的不作为成了无源之水，而无法加担于"事实层面应为的行为"，在无法避免构成要件结果发生的场合，便成立不作为的过失实行行为。如铁道工应该扳道而忘记扳道的不作为导致火车倾覆的行为。由于不作为先于注意义务引起构成要件结果发生，故扳道工的结果预见义务和结果避免义务没有能够加担于扳道行为。易言之，扳道工的结果预见义务和结果回避义务由于其不作为无法加担于扳道行为从而成立不作为的过失实行行为。由于事实层面的不作为断绝了规范层面注意义务的加担，从而提前实现了注意义务的充分不加担。如前述扳道工因睡过头应该定时扳道而忘记扳道的情况下，基于扳道工身份而没有扳道的行为首先是没有履行作为义务，在此情况下，就断绝了其扳道时应当正确扳道和合理扳道的结果回避义务的履行。故在过失不作为的场合，行为人没有履行义务，从而也无法履行结果回避义务。

3. 竞合型过失的场合

如果扳道工扳道错误（将 A 路线误认为 B 路线）的行为引起火车倾覆，则过失实行行为既可以解释为为 A 线路扳道的作为，也可以解释为没有为 B 路线扳道的不作为。对此，山口厚教授明确指出，以上案例都是不作为[①]。"作为的背后，总是同步附随着不作为，作为只是一种现象，不作为才是本质"[②]，因此，在作为与不作为竞合的场合，应该参照不作为过失的场合，认定过失实行行为。

[①] 山口厚：《刑法总论》，付立庆 中译，中国人民大学出版社，2011，第 67 页。
[②] 胡洋：《论过失犯实行行为的不作为犯解释》，《甘肃政法学院学报》2016 年第 5 期。

综上，在过失犯是否具有实行行为的问题上，刑法理论界存在必要论和不要论的观点对立，目前必要论占据主流地位。过失犯的实行行为是一种独特的行为类型，与故意犯的实行行为属于并列关系。研究过失犯的实行行为，应当对其进行科学分类。客观归责理论与注意义务违反说并不是互相对立的两种理论，认定过失犯的实行行为不仅是一个事实判断，也是一个法律评价意义上的规范判断，立足于行为无价值与结果无价值的二元论立场，过失犯的实行行为可以被界定为违反注意义务且具有实质上不被允许的引起法益侵害的危险的行为。近年来中国大陆刑法学知识面临转型，方向是以德日为代表的阶层犯罪论体系，但是由于阶层体系内部也存在理论分支和制度分野，虽然我国刑法学承袭于德日刑法学，但是根据本国国情和司法实践进行本土化构建已是当务之急。对此，笔者通过观察我国立法和司法层面中的过失犯的实行行为，探讨两者交错思考之下存在的问题，并在尝试解决问题的同时建构过失犯实行行为特定所需的判断方法，并针对可能的批评与疑问加以回应：过失犯的本质是法定犯，作为与故意犯相并列的构成要素，过失犯罪具有不同于故意犯罪的实行行为。除了作为的过失和不作为的过失，竞合的过失在存在论上存在立足空间。社会风险与刑法的关系形成了风险刑法理论，在对犯罪构成及违法性判断中，仅考虑结果无价值或者行为无价值已然不能满足风险社会对刑法提出的要求，立足于行为无价值与结果无价值的二元论具有相当的科学性与时代性。基于事实判断和规范判断的统一性，从行为无价值与结果无价值二元论出发，过失犯的实行行为可以被界定为违反注意义务且具有实质上不被允许的引起法益侵害的危险的行为。

第三节　监督过失的学理反思与边界控制

晚近以来，与域外对监督过失问题研究的"百花齐放"形成鲜明对比的是我国的理论研究和司法实践对监督过失理论颇为冷淡。一方面，在理论研究中，监督过失作为一种重要的过失形态，其独立地位长期没有得到确立。另一方面，在司法实践中，对许多业务过失、职务过失的罪名，如果分则条文没有明确规定要处罚"主管人员""管理人员""监督人员"，则除了直接责任人员的过失，监督者的过失通常不被追究刑事责任。我国《刑法》在渎职罪一章专门规定了处罚公务上的监督过失的罪名，然而罪名制定十余年来适用的案件却相当有限。近年来，各种事故的频繁发生和惨烈程度激发了对监督过失进行处罚的需求。在刑事合规理念和刑法教义学理论的交融下，监督过失日益成为学者聚讼颇多的领域，陷入一种理论饥渴状态。一些学者提倡借鉴德日的监督过失理论，甚至开始着手构建我国的监督过失罪名体系。具体而言，目前国内对监督过失的研究基本都局限在过失犯的固有问题领域，沿用"客观方面（结果回避义务违反）——主观方面（结果预见义务违反）"这种传统的过失犯研究思路。但是，按照我国目前的研究思路难以为监督过失这一复杂问题指出合理的解决路径。在监督过失的案件中，注意义务的问题并不是有没有违反注意义务，而更多表现为注意义务违反与结果发生的规范关联问题。因为结果的发生不是监督者一个人造成的，存在很多介入因素，包括他人的注意义务违反。预见可能性判断也不仅仅是"预见到了"或者"没有预见到"这样简单。监督者对他人是否会做出不适当行为的预见，影响到他对最终结果发生的预见，进而影响到他在心理上能够产生什么样的结果回避动机，而这决定着他结果回避义务的内容。值得注意的是，刑事合规视域下监督过失的核心特征是行政犯刑法化。这一点决定了监督过失虽然叫"过失",但其涉及的却不仅仅只是过失犯的问题。"任何法律必须调和个人自由与社会安全两个基本价值。过失责任被认为最能达成此项任务,因为个人若已尽其注意,即得免负侵权责任,则自由不受束缚,聪明才智可得发挥。人人尽其注意,一般损害亦可避免,社会安全亦足维护。"① 尽管这一表述是针对过失侵权责任而言的,与过失的刑事责任不可等量齐观,但从法秩序统一性原理的角度来看,则完全可以将过失犯理解为一种严重的侵权行为。在社会治理过程中,倘若一味通过扩张刑罚适用来尽可能地阻止过失犯罪,以图维护社会的安全稳定,必将以过多地牺牲人们的行动自由为代价。毕竟,"倘若过于强调法益保护,则有可能导致行为主义、罪刑法定主义、责任主义等基本原理的崩溃"②,而这将敲响个人自由权利的丧钟,使刑法确保个人能够在社会中自由发展的终极目标彻底沦为奢谈,这也会导致整个社会丧失活力,最终阻碍社会的发展与进步。就此而言,如何协调自由与安全之间的矛盾,可谓是两者共同面临的课题。只不过在刑法理论中,学者们更习惯将自由与安全转述为人权保障与法益保护。在刑事合规视域下讨论监督过失的相关问题时,也必须从自由与安全的角度出发,找到两者之间的平衡点,尽可能地为过失责任的认定、为刑罚的发动划定一个合理的区间。只有牢牢地抓住"平衡安全与自由"这一核心目标,多角度地展开研究,才有可能准确勾勒出监督过失的问题全貌,才有可能最大限度地接近监督过失的问题本质。

无论是域内研究与域外研究的冷热对比,还是司法实践与立法初衷的背道而驰,都暴露出我们在监督过失领域研究的不足。总体来看,其都致力于从存在论的角度弥补安全与自由之间的空隙。但从既有的理论研究来看,这种存在论的视角反而扩大了安全与自由之间的鸿沟,这种鸿沟在单位过失犯罪中反映尤甚。与故意犯相比,过失犯的构成要件大多缺乏定型性,因而呈现开放性的特征,在具体适用中,大多需要依靠学者与司法者

---

① 王泽鉴:《侵权行为》,北京大学出版社,2016,第13页。
② 苏永生:《法益保护理论中国化之反思与重构》,《政法论坛》2019年第3期。

进行构成要件的填补工作。正是在此意义上，韦尔策尔将过失犯视作"开放的构成要件"。在单位过失犯罪领域，这种开放性体现得更为突出，对司法者的填补工作也提出了更高的要求。诚如宾丁（Karl Binding）所言："与过失犯理论相比，故意犯论的研究是一个相对容易的工作。"监督过失的边界问题，不仅仅是检验既有过失理论良莠的试金石，也为企业合规制度与刑法教义学的结合提供了绝佳的研究场域。有鉴于此，本文首先对监督过失犯罪既有的概念争议予以梳理，并立足于我国刑法的具体规定，对监督过失犯罪的成立范围予以重构。

一、文义考察：监督过失概念厘清

对于监督过失问题的考察，首先应该从明确其概念含义出发。在刑法学中有关监督过失存在着诸多不同的表述方式，如监督管理过失、管理监督过失、监督过失、监督者的形式过失、监督者的过失责任、监督过失责任、监督过失犯罪、监督过失犯罪责任、监督过失罪、监督过失理论等。这些有关监督过失的表达方式，在外延、内涵上都有着很大的不同，正如日本学者森直树所认为的那样，"所谓监督过失或者监督者责任这样的词都是在多重语义上被使用的"。因此，对于监督过失问题而言，我们首先要明确什么是监督过失，这是监督过失问题研究的前提和基本出发点。

监督过失从字面上来看由"监督"和"过失"两部分构成。一方面，根据《说文解字》的记载，"监，临下也。督，察也。"[①] 监督二字的含义较为接近，在实际生活中也常常放在一起表达使用。在现代汉语的语境下，监督一词通常用于两个方面：一是作为动词使用，表示"查看并督促"；二是作为名词使用，表示"做监督工作的人"[②]。监督一词在日常生活中广泛应用于各个场合，如国家监督、社会监督等，而这里提到的监督

---

① 许慎：《说文解字》，社会科学文献出版社，2005，第447页。
② 中国社会科学院语言研究所词典编辑室：《现代汉语词典》，商务印书馆，2017，第500页。

主要是指经营活动中的法人的监督行为。另一方面，论及"过失"，在我国古代就有对过失犯罪进行从宽处罚的规定，《周礼·司刺》中对过失犯罪规定了三宥制度①；在现代刑法中，过失则是与故意相对应的一种主观心理态度，指的是"应当并能够注意的但是却未注意"，抑或是说行为人没有达到一般合乎理性之人所应当达到的谨慎程度。因此可以说"监督"和"过失"这两个词语的运用在我国语言发展史上可谓历史悠久。

将"监督""过失"这一词语合并运用并将相关理论进行明确化伊始于近代。监督过失理论应追溯至20世纪60年代的日本，提出该理论最初的目的是为了解决那些负有监督、管理职责的人员在企业公害案件中的刑事过失责任承担问题。与我国情况一致，在日本的刑事立法中也并没有将监督过失这一概念和其当罚性进行明确，但通过学者对监督过失理论的相关研究和对相关条文的解释，司法实务认识到了监督过失的实存性。截至目前，日本刑法学者仍自豪地认为监督过失理论在日本刑法理论中独具特色，并且是近年来作为日本刑法理论中最引人注意的研究领域而存在的②。日本学者认为，在业务过程中具有监督职责的人主观上的过失可分为两类，即监督过失和管理过失。所谓监督过失，是以酒店、商场火灾事件为契机，于20世纪60年代后半期逐渐在日本实务中形成并被关注的概念。这一概念可分为"狭义的监督过失"与"广义的监督过失"。前者系处于指挥或监督立场的、对于直接导致结果有过失之行为人因懈怠而未防止该过失发生的情形。例如，工厂内的从业人员在进行危险作业时，其上级监督者对于进行危险作业的人员处于支配且有命令权限的地位，因此对该从业人员具有妥当指导、教育以防止危害结果发生之作为义务。若该监督者因懈怠履行该义务而导致下级从业人员因过失产生危害结果时，即可追究监督者之过失责任。后者除了包含狭义的监督过失之外，还包含管理过失。所谓管理过失，系"因管理者等对于物的设备、机构、人员体制等管

---

① 蔡枢衡：《中国刑法史》，中国法制出版社，2005，第173页。
② 谭淦：《监督过失的一般形态研究》，《政法论坛》2012年第1期。

理不完善，从而与结果的发生具有直接关联之直接过失"①。例如，旅馆、商场的经营者，负有将火灾警报等防灾设备维持在正常运作状态的义务。如该经营者懈怠履行上述义务导致火灾，造成了人员伤亡或财产损失，其过失类型即属管理过失。易言之，监督过失是指处于让直接行为人不要犯过失的监督地位的人，违反该注意义务的过失②。而管理过失所管理的对象不再是人，其指的是对于机器设备、机构、管理制度等存在不完善和怠于管理而导致严重后果的情形。对于狭义的监督过失概念，有学者提出，将管理过失排除在探讨范围以外的意义不大。因为在管理过失中，当义务内容为人员配置的场合，则可能产生狭义的监督过失的问题。反之，在狭义的监督过失的场合，如果义务内容是为建立防灾体制，则实质上接近管理过失。为此，对二者进行研究的意义不在于区分本身，而在于如何确定注意义务的内容③。由于狭义的监督过失与管理过失的产生领域时常发生重合，甚至存在加功，且创制了监督过失概念的日本在对判例的探讨上亦通常将狭义的监督过失与管理过失一并讨论。我国台湾学者认为监督过失这一概念存在狭义和广义之分。狭义的监督过失仅指对人的监督过失，针对的对象也仅为人的行为，其是指处于指挥、监督立场的监督者对因过失行为直接引起侵害结果的行为人因懈怠而未防止该过失发生的情形④。而广义的监督过失除了对人的监督过失外，还包括对物的管理过失。我国大陆学者大多也认同对于监督过失进行狭义与广义的区分，并认为应当追究监督者监督或管理不善的过失责任⑤。韩玉胜教授认为，监督过失包括狭义监督过失和广义监督过失。狭义监督过失是指对危害结果而言，监督者没有或者没有完全履行监督义务，使处于监督者监管支配之下的被监督者的行为直接引起结果的发生的应负刑事责任的情形。广义的监督过失包括狭义的监督过失与管理过失。管理过失是指由于管理人等物的设备、机

---

① 堀内捷三：《刑法总论》，有斐阁，2004，第132页。
② 黎宏：《日本刑法精义》，法律出版社，2008，第221页。
③ 陈子平：《刑法总论》，元照出版公司，2017，第230页。
④ 同上书，第157页。
⑤ 张明楷：《刑法学》，法律出版社，2021，第296页。

构、人的体质等的不完备本身与结果发生有直接联系的直接过失①。而张明楷教授则认为，监督过失就是指广义的监督过失，即监督管理过失。"由于业务及其他社会生活上的关系，有特定的人与人之间、人与物之间就形成了一种监督与被监督的关系。这里的监督，是从广义上来说的，与管理这一概念基本上是同义词，具体是指监督者对被监督者的行为，在事前要进行教育、指导、指示、指挥，在事中要进行监督，在事后要进行检查；对自己所管理的事项，要确立安全的管理体制。进行这种监督与管理，是监督者的义务或职责。如果监督者不履行或者不正确履行自己的监督或者管理义务，导致被监督者产生过失行为，引起了危害结果发生，或者由于没有确立安全管理体制，而导致危害结果发生时，监督者主观上对该危害结果就具有监督过失。简单地说，监督过失就是监督者违反监督与管理义务的一种过失心理状态。"② 也有学者认为监督过失就是指狭义上的监督过失，与直接行为人相应，处于指挥、监督直接行为人立场的人（监督人）怠于应当防止该过失的义务的情况③。综上所述，日本刑法理论界的通说主张广义的监督过失，将广义的监督过失统称为"监督管理过失"，认为监督过失包括管理过失和狭义上的监督过失。与之相同，目前在我国刑法学中广义的监督过失概念居于通说地位。

但是，在监督过失概念中是否应该包含管理过失或者是否应该在广义上来把握监督过失呢？对此，有学者认为狭义的监督过失与管理过失不同，二者应当分开来讨论。如有学者认为"监督过失和管理过失是两种不同类型的过失，且有必要在研究中予以界分。"④ 也有学者认为二者应该一并讨论，"一般把管理过失也纳入到监督过失中一并进行考虑，因为管理行为虽然不是直接的和一般意义上的监督行为，但与监督行为在刑法的规

---

① 韩玉胜、沈玉忠：《监督过失论略》，《法学论坛》2017年第1期。
② 张明楷：《监督过失探讨》，《中南政法学院学报》1992年第3期。
③ 彭凤莲：《监督过失责任论》，《法学家》2004年第6期。
④ 李蕤宏：《监督过失理论研究》，《刑事法评论》2008年第23期。

范意义上并无差别"①。

笔者认为狭义的监督过失与管理过失无论从结构还是从内容上来说都是存在差别的,应该将其分开进行讨论。一方面,从结构上来说,"这就是监督过失(广义)的问题,其中,可以分为由于对直接行为者的不适当的指挥监督而构成的监督过失(狭义)(间接防止型)和管理者等基于对物的设备、人的体质的不完备自身导致结果发生的关系而构成的管理过失(直接介入型)"②。另一方面,从内容上来说,"管理过失与监督过失是两种不同类型的过失,两者在注意义务产生的职责与危害结果发生的因果关系过程上存在着差别。首先,两者注意义务产生的职责不同。管理过失注意义务产生的职责是对物的管理,被管理的物的范围是广泛的,既包括物质设备,也包括人员配备和管理体制等。与此不同的是,监督过失注意义务产生的职责是对在其监督下的直接行为人的行为进行指挥、督促、检查和制止,监督对象是直接行为人的行为。其次,就危害结果发生的因果关系过程来说,两者也是不同的。管理过失的因果关系是直接因果关系,表现为由于管理失当,如没有提供足够的物质设备、制定管理体制或者进行足够的人员配备等,从而没有建立起防止危险发生的安全体制,引起危害结果的发生。监督过失的因果过程则是间接性的,表现为监督过失通过被监督人的直接行为而引起危害结果的出现。"③ 由此,应当从狭义的层面来讨论监督过失问题,即从明确区分狭义的监督过失与管理过失的意义上来讨论监督过失问题④。法人监督过失作为监督过失的一种也是必然存在的。在企业日常经营管理活动中,同样既存在管理人员之间由于存在监督

---

① 陈伟:《监督过失理论及其对过失主体的限定:以法释〔2007〕5号为中心》,《中国刑事法杂志》2007年第5期。
② 高桥则夫:《刑法总论》,成文堂,2018,第232页。
③ 王良顺:《管理、监督过失及其判断》,《政法论坛》2010年第6期。山口厚:《刑法总论》,付立庆 中译,中国人民大学出版社,2018,第256页。
④ 也有观点认为管理过失与监督过失的区分只具有相对的意义,因为两种类型容易发生交错。但这个理由不应当成为否认两者存在区别的依据(陈家林:《外国刑法通论》,中国人民公安大学出版社,2009,第248页)。

与被监督的关系而产生的注意义务，也存在管理人员对于生产设备制度管理及企业机构正常运行的管理义务。因此本书提到的法人过失犯罪中的监督过失仅指狭义的监督过失。

二、实质考察：监督过失的现状及分析

监督过失是新新过失论的副产品，虽然目前新新过失论已不再被日本刑法学界采用，但监督过失理论却成为富有特色的过失理论并在日本刑法学中成为一个亮点。从对我国刑法学界有关监督过失问题研究的梳理中可以发现，其带有明显的借鉴日本刑法学理论的特征。刑法学研究方法由立法论与司法论两部分组成，在监督过失的研究中，同样也应当基于立法论与司法论两个角度进行思考。

（一）立法现状及分析

刑事立法是人们有关犯罪与刑罚的价值共识的法条体现。"刑法条文表达刑法规范，是刑法规范的载体和认识来源，刑法规范是刑法条文的内容和实质。但是，刑法规范并不等同于刑法条文，一个刑法条文可能包含着几个刑法规范，几个刑法条文可能包含着一个刑法规范。刑法条文在刑法中被明确表述，而刑法规范则暗含在刑法条文之中。"[①] 不同的法条表述可能表征不同的价值立场，而不同的价值立场在具体案件的法条适用中会导致不同的法律后果。

英美法系国家在思考监督过失问题时大多从法人犯罪的视角入手，其对于法人刑事责任理论的思考基本定型化。1962年的美国《模范刑法典》在总则中对法人处罚做出了明文规定，对于企业上层主管人员的责任确立问题，则在法人处罚原则的基础上通过新的判例予以发展。20世纪80年代后，企业事故已经由公害、食品事故扩大到火灾事故、地下煤气爆炸事故、建筑工程事故和产品质量事故等现代企业灾害，美国开始探讨追究企

[①] 时延安：《刑法规范的结构、属性及其在解释论上的意义》，《中国法学》2011年第2期。

业上层监督管理人员的责任。1978年8月,福特汽车明知汽车部件质量存在缺陷仍然出售,并且对于出售的缺陷产品未及时召回和维修,造成有缺陷的汽车部件起火致三人死亡,法院判决负责汽车回收和维修部门的主管人员承担不作为责任。从此,美国追究法人以及法人上层监督管理人员刑事责任的案件逐渐上升。英国的监督过失犯罪也始于企业事故,通过追究法人责任来处罚企业犯罪,从追究法人的严格责任到追究法人的过失杀人罪。2007年以前,法人的犯罪心理和犯罪行为依据其高级管理人员的犯罪心理和犯罪行为来认定。因此,只有法人的总裁或者高级主管有犯罪心理和犯罪行为时,法人才承担责任。2007年6月26日,英国正式通过《2007年法人杀人罪法案》,该法案于2008年4月6日生效实施。该法案取消了根据"法人的总裁或者高级主管具有犯罪心理和犯罪行为"限制法人成立犯罪的规定,基于保护法益的目的扩大了处罚范围,只要法人由于在健康或者安全事务管理方面的重大过失而导致他人死亡,就可能以法人过失杀人罪处罚。

我国刑事立法与司法实务较少使用"监督过失",原因之一在于"监督过失"并非我国的源生概念,而是日本学界为应对实务问题而自发形成的理论。从森永毒奶粉事件、信越化学事件、北瓦斯事件、白石中央病院火灾事件等一系列案件发展而来的监督管理过失理论,是日本刑法的原创理论,其发展完善基本未受到外国理论的影响[①]。监督过失之所以发源于日本,在于日本刑法中没有专门针对监督过失的罪名,这种"无法可用"的困境导致对于负有监督义务的人员只能适用日本《刑法》第211条,以业务上过失致死伤罪定性。可以说,监督过失理论的提出和发展与日本的立法状况存在深刻的渊源,但在其被提出后的数十年中,从未被德国刑法学界广泛讨论。在我国,监督过失亦未被学者所青睐。此外,区别于日本,我国在立法上肯定了监督过失的存在,例如我国《刑法》第135条重大劳动安全事故罪、第135条之一大型群众性活动重大安全事故罪、第138条教育设施重大安全事故罪、第139条消防责任事故罪等,以及第9

---

① 前田雅英:《監督過失について》,《法曹時報》1958年第42期。

章渎职罪中的相关罪名。综合把握我国《刑法》中有关监督过失的罪名，可以将其分为"组织体内的监督过失"与"组织体外的监督过失"①。一方面，组织体内的监督过失实质上为业务过失，例如重大责任事故罪、重大劳动安全事故罪、消防责任事故罪等。组织体外的监督过失则为与国家公务相关的过失，例如传染病防治失职罪、环境监管失职罪、食品监管渎职罪，以及（作为渎职罪中兜底罪名的）玩忽职守罪等。仅就后者来说，原本渎职罪的犯罪主体被限定于国家机关工作人员，但根据2002年《关于〈中华人民共和国刑法〉第九章渎职罪主体适用问题的解释》，犯罪主体已经扩大至"在依照法律、法规规定行使国家行政管理职权的组织中从事公务的人员，或者在受国家机关委托代表国家机关行使职权的组织中从事公务的人员，或者虽未列入国家机关人员编制但在国家机关中从事公务的人员"。加之玩忽职守罪这一兜底罪名的设置，可以说，组织体外的监督过失的主体范围较为广泛。但组织体内的监督过失却局限于劳动安全、大型群众活动、教育设施、消防领域，对于食品、药品、传染病、医疗等领域，并无明确的可以适用的条文。在以过失以危险方法危害公共安全罪、医疗事故罪、过失致人死亡罪或过失致人重伤罪等罪名进行定罪时，必然涉及监督过失理论的运用。另一方面，关于组织体内的监督过失，刑法条文将犯罪主体限定为"直接负责的主管人员和其他直接责任人员"，看似在我国刑法语境下并无探讨监督过失的余地。但是，根据2015年《最高人民法院、最高人民检察院关于办理危害生产安全刑事案件适用法律若干问题的解释》，《刑法》第135条中的重大劳动安全事故罪与大型群众性活动重大安全事故罪的犯罪主体已经扩展至"对安全生产设施或者安全生产条件不符合国家规定负有直接责任的生产经营单位负责人、管理人员、实际控制人、投资人，以及其他对安全生产设施或者安全生产条件负有管理、维护职责的人员"。但从该司法解释的表述中可推知，这一"扩展"并不能适用于其他罪名。因此，组织体内的监督过失相关罪名的犯罪

---

① 曹菲：《管理监督过失研究：多角度的审视与重构》，法律出版社，2013，第18页。

主体尚存在难以统一之处。其他罪名中负有监督义务的人员怠于履行义务而造成事故的场合，是否应当以过失犯定性，其理由何在，在今天的风险社会中亟须厘清。

事实上，我国现行刑法并不缺乏有关监督过失犯罪的立法，司法实践也一直追究有关单位及人员的监督过失责任。只不过，综观我国刑法中的监督过失犯罪，要么是针对公务人员的失职行为（如传染病防治失职罪，食品、药品监管渎职罪等），要么是针对违反国家安全生产规定，造成严重后果的监管过失行为（如重大责任事故罪、重大劳动安全事故罪等），要么是针对特定业务领域的义务违反行为（如交通运输领域的交通肇事罪、网络安全领域的拒不履行信息网络安全管理义务罪等），而没有统一规定具有普遍适用性的"业务监督过失罪"。由此可见，在监督过失责任领域，我国刑法立法表现得相当理性和克制。从现有刑法立法来看，企业的归属性质（国有还是私有）、业务领域（是否关涉公共安全、社会秩序）、义务违背行为的不良影响（是否可能造成严重后果）等因素，均影响对其刑事义务的设定。按照这种立法思路，我们也应当有选择性地赋予特定企业监督过失责任，而不宜科以企业普遍性的合规管理义务。

以网络服务提供者的刑事责任为例。考虑到网络服务提供者即使违背网络安全管理义务，其通常可能造成的不良影响也不同于传统安全生产领域可能造成的重大伤亡等严重后果，因此，刑法立法并没有采取相同的入罪模式，而是为网络服务商设置了一道安全阀，即只有当经行政机关责令改正而拒不改正的，才成立拒不履行信息网络安全管理义务罪。因此，拒不履行信息网络安全管理义务罪是故意犯罪而非过失犯罪，其属于"过失责任的故意化"，目的是限缩对违反网络安全管理义务行为的处罚范围。如果对于被科以网络安全管理义务的网络服务提供者科处刑罚尚且需要如此谨慎和克制，那么，对于那些仅存在合规管理义务的企业及相关责任人员设罪处罚就更应当三思而后行。

以往的立法经验表明，我国刑法并不缺乏追究企业相关负责人的监督过失责任的罪名，只不过其被限定在特殊范围内罢了。从这个意义上来说，增设一般性的业务监督过失犯罪缺乏必要性和紧迫性。更何况，普通业务监管过失犯罪与我国刑法中既存的涉及监管过失责任的罪名必将存在处罚范围的诸多重合，其不可避免地还会导致立法重复、处罚过剩和犯罪竞合等立法与司法问题。故此种兜底立法设罪实在是弊大于利，得不偿失。

(二) 司法现状及分析

无责任则无刑罚，这是责任主义的要求。作为现代刑法的基本原理之一，责任主义中的责任是指对构成要件的不法行为的非难可能性。非难可能性的存在，为针对行为人实施的不法行为科处刑罚提供了依据，它在主观归责与刑罚裁量方面发挥着限制刑罚权的重要作用，被寄予防止客观归罪、实现刑法人权保障功能的厚望[1]。从应然角度来看，在认定犯罪是否成立时，无论是故意犯罪还是过失犯罪，都应遵循责任主义所提出的要求；但从实然的角度来看，责任主义在目前司法实践中的贯彻状况却不容乐观。这一点，在监督过失犯罪的案件认定中表现得尤为明显。一方面，当损害结果，尤其是严重的损害结果发生后，基于保护法益的良好愿景，司法工作人员极易得出行为人值得苛责的结论，而不去关注行为人是否具有相应罪责，从而"唯结果论"，在事实上造成结果归责的局面。此时，值得苛责或者说需要苛责与能够苛责之间的鸿沟被轻易地跨越了。另一方面，目前关于过失责任的基础研究仍存在不足，虽然前期引进了大量德日的相关刑法理论，但欠缺全面而细致的消化吸收过程，基本上只是挑选其中某一立场作为研究依据，未能真正做到融会贯通，带有主体性思考的本地化工作有待进一步落实。加之我国目前处于向现代化社会转型的过程当中，传统社会的普通过失犯罪与现代社会的业务过失犯罪交织在一起，未能给学者们循序渐进地发展过失犯理论留下足够的时空条件，这也为在过失犯罪中究竟应采取何种主张平添了更多的困难。从德日司法实践来看，立法上没有明确适用范围，只是依靠判例来指导实际操作。而作为不承认

---

[1] 冯军：《刑事责任论》，社会科学文献出版社，2017，第262页。

判例拘束力的我国，提倡监督过失必须明确一个合理的适用范围。

三、监督过失的适用范围重塑

监督过失理论产生的初衷是为了抑制企业灾害事故的发生，因此，其大多数存在于企业内部责任的追究中。但是，随着社会不断发展和理论逐渐完善，其适用范围也在逐步扩大，而不再仅仅局限于企业事故犯罪。过失犯的基本问题，在于其成立范围如何加以限定。对于监督过失而言，其注意义务必须有助于这个基本问题的解决。从这一观点出发，理论上主要存在三种是否可以适用监督过失理论以限定其成立范围的争议问题。对法人过失犯罪中的监督过失进行认定，关键在于对负有监督、管理职责的企业主管人员注意义务的厘清。注意义务的要素和结构对于监督过失的成立范围具有重要意义，直接决定其刑事违法性的边界，在此层面上，注意义务的要素和结构的准确界定是限制刑法对过失犯罪不当扩大打击面的重要手段。法人过失犯罪中监督过失作为过失的一种特殊情形，其注意义务的界定与过失理论的变迁密切相关。当前，过失理论按照时间的发展主要存在旧过失论、新过失论和新新过失论三种。笔者认为，旧过失论和新新过失论并不是与法人过失犯罪中的监督过失相适配的理论，应将新过失论这一理论作为法人过失犯罪中监督过失的认定和归责基础。

（一）宏观层面：新过失论的适配与论证

探讨监督过失的预见可能性，无法回避过失犯构造的选择。在危惧感说以外，新旧过失论都坚持具体预见可能性的立场。确如西田典之教授所言，如果不采取危惧感说，旧过失论与新过失论最终得出的结论几乎相同，二者的对立仅仅在于过失体系位置的不同[①]。二者对具体预见可能性的判断路径毕竟不同，在涉及监督过失的场合，现有争议也较多集中在是否应以行政法律法规来认定对注意义务的违反。针对新过失论以"基准行

---

① 西田典之：《刑法总论》，弘文堂，2010，第260页。

为"来认定注意义务的路径，主张修正的旧过失论的西田典之教授指出，因基准不易被具体认定，最终的落脚点还只能是行政管理法律法规所规定的义务，导致业务过失致死罪最终沦为行政违反行为的结果加重犯。但是，"行政法规上的义务仅为行动的一般指针，并不能因违反或遵守了该义务而直接决定刑法上过失的有无"[①]，可以说，以行政法律法规来直接认定有无刑法上过失的路径违反了罪刑法定原则的这一论断，这是旧过失论者批判新过失论的主要武器。

对于批判的声音，笔者试图通过以下三点理由进行回应。其一，既然过失本身为"开放的构成要件"，以法官解释的补充为必要，在很大程度上有赖于法官的事实认定，那么这一认定过程，未必拘泥于刑法的明文规定，否则无"开放"可言。其二，新过失论并非机械地将行政法律法规直接作为判定注意义务的唯一依据，旧过失论者的批判有失偏颇。关于注意义务的依据，主张新过失论的佐久间修教授指出，注意义务应基于各个法解释或业界习惯等进行判断。在通常情况下，虽然违反行政法规的命令或禁止性规定则成立刑法上的过失，但并不意味着这些命令或禁止性规定与刑法上的注意义务直接发生重合。因为在紧急状况下，违反了行政法规反而符合刑法上的注意义务[②]。可见，在新过失论的构造下，尽管实务多以违反各种法令来认定对刑法上注意义务的违反，但这些法令仅仅是认定过失犯的基础材料，最终还应结合行为的危险性以及现时情况进行综合判断。例如，道交法等特别刑法所规定的注意义务只是一种示例，并不能认为没有行政管理法就不存在注意义务[③]。危险业务的从事者负有防止业务风险现实化的义务，但遵守了行政管理法规也不意味着尽到了业务上的注意义务[④]。归根结底，刑法上的注意义务即使没有法令上的明文规定亦可

---

① 西田典之：《刑法総論》，弘文堂，2010，第260-261页。
② 佐久間修：《刑法総論の基礎と応用--条文・学説・判例をつなぐ》，成文堂，2015，第68页。
③ 参见大判昭和14·11·27刑集18卷544页。
④ 参见大判大正3·4·24刑录20辑619页、大判昭和1151215卷617页。

认定，可以根据不同的场合，考量习惯或行为准则来决定注意义务的具体内容①。其三，对于信赖原则的适用问题，虽存在该原则的功能究竟是否定预见可能性还是否定回避可能性之争②，但由于新过失论通常认为预见可能性是回避可能性的前提，故关于信赖原则的功能争议皆集中于构成要件该当性阶层，对此，新旧过失论间不存在原则性的对立。对于信赖原则，新旧过失论间的争议焦点在于何为"信赖"的依据。修正的旧过失论因重视实行行为的实质危险性，强调"信赖的相当性"与"日常信赖"，也即，从实质上判断有无信赖。然而笔者认为，"相当性"在学界本无确定的定义，修正的旧过失论原本是为了回避旧过失论处罚面过宽的弊端，却又在"实质"判断上开了一道口子，留下了恣意的空间；同时，"日常信赖"具有极大的不确定性。那么，究竟何为"日常"？是依照一贯规范、长期的协作默契，还是身体状况与情绪判断，实则无考量基准，亦无考量顺序。特别是在狭义的监督过失的场合，对于何为间接过失中信赖的"相当性"与"日常信赖"，实难把握。可以说，旧过失论经过修正后，新旧过失论在判断预见可能性时的总体资料相同，差异在于对资料的判断顺序。新过失论先判断是否违反了包括行政法律法规上的注意义务，在认定没有违反或虽有但与结果之间并不存在因果关系的场合（例如，单纯违反了为组织管理方便、提高管理效率而设置的行政管理规范的场合），再考量其他的资料，如行业规范、习惯、一般生活准则等。

总之，新过失论立足于规范责任论，将行为人对规范的违反作为责任根据，认为过失犯的本质是行为无价值，是由于行为本身的违法性才应当受到刑法规范的惩罚，主观心理与行为在认定违法性的过程中同等重要。在高度现代化的工业社会中，新过失论注重对客观规范的考量，既能起到一般预防的效果，亦能避免恣意。科学界定监督过失刑事责任的刑事范围，更加合理地解决了现代工业社会中监督过失的责任根据问题。

---

① 参见大判大正 7-410 刑录 24 辑 317 页。
② 曾根威彦：《刑法総論》，弘文堂，2008，第 176 页。堀内捷三：《刑法論論》，有斐阁，2004，第 130 页。齐藤信治：《刑法総論》，有斐阁，2000，第 148 页。

(二) 微观层面：解释性出路

1. 监督过失与被监督者故意实施犯罪的情形

监督过失是指处于监督管理地位的人违反监督、管理义务，对其应当防止的危害结果疏忽大意或者因过于自信没有防止的心理态度①。然而，监督过失所指称的对象内容是否包含被监督者故意实施犯罪的情形呢？对于这个问题，学者廖正豪先生认为被监督者故意实施犯罪的情形也被包含其中。他认为所谓监督过失系两个以上有从属关系之人，即监督者与被监督者之间由于被监督者所实施之故意或过失之行为，而追究监督者之刑事过失之责任②。与此相对，也有学者认为被监督者故意实施犯罪的情形不应该被包含其中。"如果被监督者没有过失，而是一种意外事件，这种意外事件也不是由于管理体制的问题所引起，则不能说明监督者没有履行或者没有正确履行监督义务，故不存在监督过失；如果被监督者故意造成危害结果的发生，监督者通常也不存在监督过失。"③

笔者认为，对于监督过失，被监督者故意实施犯罪的情形不应该被包含在内。首先，虽不否认监督者懈怠监督职责的过失行为存在一定的危险，但单单这一监督过失的行为并不能对结果产生直接的原因力。因而，在被监督者的故意行为介入之后，支配、控制犯罪因果进程的只能是被监督者的故意行为，监督者的过失行为实际上对结果已失去原因力。其次，基于现代生产、作业既有协作又有分工的特点，监督者在对被监督人予以指导、督促、提醒等基础上，应给予被监督人一定的信赖，至少可以信赖被监督者不故意地去实施犯罪。正是基于这种信赖关系，监督者对被监督者实施故意犯罪行这一点是超出了其预见的可能性。这种情况下，如果仍要追究其过失上的责任，无疑客观归罪。最后，如果被监督人要故意犯罪，那么无论监督者如何恪尽职守，也难以预料和防范。所以，即便监督

---

① 王安异：《浅谈监督过失的注意义务》，《华中科技大学学报（社会科学版）》2005年第6期。
② 廖正豪：《过失犯论》，三民书局，1993，第225页。
③ 张明楷：《监督过失探讨》，《中南政法学院学报》1992年第3期。

者有懈怠监督义务的行为的存在，但若介入了被监督者的故意犯罪行为，就中断了监督者的过失行为对结果的原因力，从而无须承担监督过失上的责任。

2. 监督过失与存在平行监督的情形

有学者认为，在监督过失中不但包含上下、主从监督关系，而且还应该包括平行监督关系的情形。"监督过失把监督主体定位监督与被监督的从属关系或领导关系，只看到了事实层面的一部分，其外延具有不周延性。因为在现实中，除了领导责任的上对下的监督关系外，还有平行主体之间的横向监督关系，即平行监督关系的存在，比如同为值夜班的看守人员、共同驾驶航空器的机组人员、共同从事同一或相关安全生产的工人等等。"[1] 与之相反，也有学者认为监督过失中不应该包括平行的监督关系而只限于从属监督关系。笔者赞同后者的观点。首先，监督过失责任的提出就是为了解决领导责任的问题，其自诞生以来的判例和理论发展皆是遵循这一目的。其次，从属的监督关系与平行的监督关系实质上是两种不同的监督关系。在从属的监督关系中，监督者往往并不是直接操作者，二者并不具备共同的注意义务，直接操作者的注意义务重在现场作业，而监督者的注意义务往往更为宏观，例如从整体上把握作业内容，或是对直接操作者进行监督。正因为如此，方有将监督过失区别于一般过失的必要。而平行监督关系的场合，二者对于特定义务，处于相同的层次，负有共同的注意义务，虽然的确有互相协防、提醒、监督的义务，但共同的注意义务才是二者关系的主体。在因乙方的过失行为造成危害结果的场合，则于另一方必须考察另一方是否也违反了共同的注意义务，而非其是否违反了监督对方的义务从而导致危害结果发生。此外，如果另一方可经履行了共同注意义务，而以未尽对同伴之提醒、监督义务而追究其刑事责任，未免过于牵强。因此，监督过失中的监督关系，应以从属的监督关系为限。

---

[1] 陈伟：《监督过失理论及其对过失主体的限定：以法释［2007］5号为中心》，《中国刑事法杂志》2007年第5期。

3. 监督过失与作为犯

一般认为,监督过失的犯罪形态多属于不作为的过失犯罪。从不作为犯的视角入手,研究监督过失问题是德国刑法学的一个特点,德国基于不作为犯罪理论,将具有一定指挥命令权、并对他人具有实质性支配权的行为人的义务作为保护义务或监护义务,其与监督者之间的支配关系称为"基于权威关系、指挥关系的监督责任",以违反特定监备义务的不作为来确定监督责任。"监督过失犯的表现通常体现为行为上的严重不负责任。其直观的表现就是违背规范和职责,其行为方式多以不作为的方式表现出来,如懈怠、不负责任、不积极履行等等。"①

这个不作为犯的视角在日本也同样受到了学者们的关注,如日本学者大山徽最近的学说,认为过失犯罪中也存在着作为犯与不作为犯,对于后者来说有观点认为在注意义务违反之外还存在着作为犯罪成立要件的作为义务违反的要求。虽然过去存在着是不是会将注意义务与作为义务混同而导致过失犯的处罚范围被不当扩张的疑虑,但是,如果对处罚对象进行适当的甄别,即便是在过失犯中,也应该承认作为犯与不作为犯的存在,又于后者应该要求必须具有保证人的地位。在德国也曾发生因火灾事故而导致死伤的事件。当然,需要引起注意的是,在德国有关火灾致死伤的事件,都不是有关旅馆、商场火灾事故的刑事判例。与我国一样,德国对过失犯成立的讨论也是就各个象征性的要素如因果性、结果回避可能性、结果预见可能性等问题展开的。但是,同时必须要注意的是,在德国,纵火死伤事件中,被告人的所为是作为还是不作为就会成为争论点,非常热烈的讨论。作为结论,监督过失的问题,并不是仅仅围绕充足预见可能性等要件就足够了,它还有区分作为和不作为的问题侧面。但是也有学者认为,德国刑法学和日本刑法学的研究还是存在着一定的不同。德国刑法学站在不作为犯罪理论的基础上研究监督过失犯罪。与日本的以企业事故为中心的监督过失犯罪理论不同,德国以医疗事故、对危险物的管理责任为

---

① 李兰英、马文:《监督过失的提倡及其司法认定》,《中国刑事法杂志》2005年第5期。

中心进行究。德国此类过失犯罪主要存在于企业组织体中和公务员职务中。在企业组织体中，既存在企业组织体内部上下级之间的纵向监督管理责任，又存在企业组织体之间的承包、分包联合等横向监督管理责任。企业组织体内部上下级之间的纵向监督管理责任是管理、监督过失犯罪的典型形式。在公务员职务中，公务员对自己监督控制的下级的犯罪，只要预见就有阻止的义务，不阻止就构成犯罪。德国刑法理论在不真正不作为犯罪理论的基础上也承认社会日常生活中存在监督管理过失责任，具有监督管理者身份的人违反作为义务，可能成立不作为犯罪。《德国刑法典》第357条第2款规定，被监督或控制的公务员实施的违法行为与受到监督或者控制的行为有关时，对控制者或监督者也按照被监督或控制的公务员所犯的罪处罚。本条可以说是对管理、监督过失犯罪的明确规定。从不作为犯的角度来研究监督过失会涉及以下两个刑法理论上的难点：第一，不作为犯的作为义务与过失犯的注意义务的关系问题；第二，作为与不作为的区分问题。对于第一个问题来说，站在不同的理论立场上会有不同的认识，如在旧过失论的立场上，作为义务与注意义务（结果预见义务）并不发生关系；如果站在修正的旧过失论的立场上两者具有竞合的可能性，甚至有持修正的旧过失论的学者认为两者可以合并考察；如果在新过失论的立场上，作为义务与注意义务（结果回避义务）在一定范围内相重合。对于第二个问题来说，正如日本学者大山徽所认为的那样，作为与不作为的区别说到底是一个主观价值判断的结果。

4. 监督过失与监督者过失

在日本刑法学中，一般认为从监督过失语源的意义上来说监督过失就是监督者过失。在我国刑法学中，学者们最早在谈及监督过失时，将其等同于我国的领导责任。如当企业或单位作为一个组织体而导致危害结果发生时，应当如何看待过失应由该组织体当中的哪一个或几个具体人负责？有观点认为，这种情况往往发生在污染或毒化环境、重大责任事故案件中[1]。企业的整体行为是由许多个人的行为构成的，它们之间具备有机联

---

[1] 张明楷：《监督过失探讨》，《中南政法学院学报》1992年第3期。

系，要从中找出某个人的责任并非易事。传统的做法就是从现场直接作业的人员中找出实施违反规章制度或不适当行为从而直接导致危害后果的人。直接作业人员承担直接的过失责任，并由此向上逆推，上层人员负间接责任，这在中国叫作负领导责任，在国外叫作负管理或监督不力的责任。在通常情况下，上层人员会被免予追究刑事过失责任。综上，我国学者在最开始讨论监督过失时是从监督者过失的角度进入的，但主要是从职务犯罪的角度来展开的。随着当前社会生产、生活的日益复杂化，社会中存在的潜在风险不断加大，我国刑事立法和司法解释领域也开始调整对策来应对"风险社会"[①]。如责任事故罪、妨害动植物防疫、检疫罪等都对监管者的监督过失责任进行了追究，但是在这些风险中，有些风险是为了社会的发展和公共利益保护所必须允许的。在合规视域下，对监督过失进行责任追究对于单位过失犯罪的预防具有积极意义，但为平衡社会发展与企业的法益保护，对于单位过失犯罪中监督过失的认定也不宜存在范围过大的倾向。在新过失论框架下，根据被允许的危险理论，信赖原则以及危险分配的法理对单位过失犯罪中监督过失范围进行合理限缩和认定具有重要意义。

  如果认为监督过失就是监督者过失，则监督过失主要是指追究监督者个人的责任；如果认为监督过失不限于监督者过失，则监督过失有可能还包括追究单位犯罪中的单位责任。我国学者在讨论监督过失时会将其与单位犯罪中的单位责任进行比较，这个比较就涉及追究个人责任与追究单位责任的问题。如有学者认为，"（监督过失）与我国单位犯罪中自然人范围的确定及责任的追究十分相似。但监督人是因自己的监督过失才负责任，与单位的整体意志没有必然联系，因此与单位犯罪的代罚制、转嫁制或双罚制不同，也不是共同犯罪，而是一种独立的犯罪形态。监督过失是个人责任，而不是单位责任。纵然监督者与被监督者各自不同的过失行为均对危害结果的发生具有原因力的作用，由于我国刑法不承认共同过失犯罪，

---

① 谢雄伟：《论监督过失的限缩：以被允许的危险为视角》，《社会科学》2016年第10期。

所以也不构成共同犯罪"①。因此，笔者认为监督过失主要是指对个人责任的追究，是处于监督立场的监督者对于由被监督者过失行为所直接引起危害结果的过失。

综上，监督过失就是监督者的过失，从不同的视角来观察监督者的过失问题会存在不同的问题面向，但其核心问题是具有监督立场的监督者的过失构成问题。从过失犯的处罚根据出发，对监督者追究其过失责任是过失犯罪在其发展过程中出现的问题，是过失犯罪从个人型犯罪形态开始转向涉众型犯罪形态时基于危险分担而出现的问题。监督过失并非是于一般过失不同类型的另外一种过失，因此其具有与一般过失一样的构成，其独特性在于监督者违反注意义务判断中的预见可能性和回避可能性都是针对被监督者过失行为所引起的危害结果，就此而言，被监督者的过失行为的介入性是监督过失的构成特征所在。在追究监督者的刑事过失责任成为价值共识的前提下，旧过失论、新过失论或者新新过失论只是从不同的角度来对这个价值决定进行理论解读。换言之，在刑法有关过失犯罪的规定没有变化的前提下，各种过失理论只是针对刑法规定的解释选择，不会影响监督过失认定的最终结果。

---

① 彭凤莲：《监督过失责任论》，《法学家》2004年第6期。

第四节 过失不作为犯的司法判断

一、过失不作为犯的问题引入

过失不作为犯是日本刑法学界近年来的研究热点①。相比之下，我国学界对过失不作为犯的关注不多，研究成果寥寥。但这既不表明我国在理论上否认过失不作为犯的可罚性，也不意味着我国司法实践中没有处罚过失不作为犯罪的判例。例如，在山西尖山铁矿垮塌滑坡事故发生后，有37名责任人被处以玩忽职守罪或者重大责任事故罪②。适用监督过失理论已经得到了理论界和实务界的基本认同③。这些违反监管职责而成立的过失犯罪实际上就是过失不作为犯。不过，有学者指出，"不论是国外判例还是我国相关判决，在此类过失不作为犯中向来并未从正面展开不作为犯论，大都只按照纯粹过失犯论将注意义务的违反作为问题"④。换言之，多数情况下，过失不作为犯罪并没有被作为一种独立的犯罪类型来对待，而只是被识别为纯粹的过失犯。可能有人会认为，在新过失论的主流认识之下，过失犯的实行行为是违反客观的注意义务，而不作为犯的实行行为是不履行作为义务，二者实际上都可以表述为"义务之不履行"⑤，因此似乎没有必要区分作为的过失和不作为的过失，甚至可以说所有的过失犯都是由不

---

① 姚培培：《2017年日本刑法学研究综述》，《日本法研究》2018年第4期。
② 《山西"8-1"尖山铁矿垮塌滑坡事故责任人受追究》，http://news.sohu.com/20091213/n268906826.shtml，访问日期：2022年8月15日。
③ 卢有学、吴永辉：《监督过失理论及其适用：兼评天津港爆炸案》，《刑法论丛》2016年第2期。
④ 于润芝：《现代社会下过失不作为犯构造：基于注意义务与作为义务关系》，《四川警察学院学报》2019年第5期。
⑤ 陈兴良：《教义刑法学》，中国人民大学出版社，2017，第235页。

作为构成。但事实上并非如此，例如，行为人在超速驾驶机动车而避让不及撞死行人的案件中，我们或许可以认为行为人没有履行"不超速"的结果回避义务，但更合适的理解是将"超速"看待为作为行为的危险性，否则我们也可以将故意的、作为形式的杀人行为，解释为违反"不杀人"义务的不作为行为。这显然混淆了作为和不作为的区分。所以，与故意犯一样，过失犯也应当明确区分作为犯与不作为犯。

只是认识到存在过失不作为犯的犯罪形式，不代表能够清晰地识别过失不作为犯罪，也不能准确地对过失不作为犯进行归责。分析以下三则案例，可见一斑。

案例一：2017年6月，被告人甲、乙购得比特犬幼犬两只在葛石镇黄家峪村东南山坡豢养，但未对其严加看护。2018年3月11日15时许，被告人甲、乙饲养的两只比特犬将步行至葛石镇黄家峪村东南山坡的看护房屋东南侧约50米处的郑某腿部、右手部咬伤，后被赶来的甲将两只比特犬拉住制止，郑某得以脱身。经鉴定，郑某的右手及双下肢的伤情为轻伤一级。事件发生后，被告人甲、乙将两犬关入屋内看护。2018年3月29日18时许，被告人甲、乙在看护房屋内将两只比特犬从屋内放出喂食后未及时将两犬关进房屋内看护，致使两犬至看护房屋西北侧约200米处将路过的被害人赵某咬伤，经医院抢救无效死亡。法院认为，被告人甲、乙由于疏忽大意的过失，致使所豢养的犬只咬伤他人，致人死亡，构成过失致人死亡罪，判处甲、乙有期徒刑三年，缓刑三年①。

案例二：2017年6月，孙某某雇佣其朋友被告人丙看管养殖场，喂养林蛙。丙带着两条卡斯罗犬及两条马犬（未办理狗证）一起来到工作地点。丙明知这四条狗是大型犬，性情凶猛，具有攻击性，孙某某等人也曾告知其拴着，别咬着人，丙平时虽将狗拴上，但在每日遛狗时却不采取任何约束措施，任其自由奔跑。2017年7月6日，被害人范某某到林场山上游玩，在下车接电话时，被丙散放着的四条狗扑上撕咬致死。法院认为，被告人丙明知自己饲养的狗生性凶猛，具有攻击性，其已经预见该犬可能

---

① 山东省宁阳县人民法院刑事判决书，(2018) 鲁0921刑初128号。

会侵害他人，并造成严重后果，但由于其过于自信，轻信能够避免严重结果的发生，以致被害人被严重咬伤，失血过多死亡，其行为侵犯了他人生命权，已构成过失致人死亡罪，判处有期徒刑四年①。

案例三：2020年8月17日，丁（12岁）把另一村民拴养在家门口的狗牵出玩耍，途径罗水市场时由于没有牵住狗绳，狗在奔跑过程中绳子将老人麦某绊倒，导致麦某受伤，经送医院救治无效死亡。有专家表示：丁还未达到过失犯罪的刑事责任年龄起点，不符合过失犯罪的主体要件。而且，宠物狗挣脱约束绳，这是谁也没有想到的，属于意外事件。当地公安机关也初步将该案定性为意外事件②。

上述三则案例中，同样是家养的犬只致人死亡，但认定结论确有明显差别：既有疏忽大意的过失，也有过于自信的过失，还有意外事件；在量刑上也有缓刑和四年有期徒刑的差距。此外，这些案例要么是已经被识别为刑事案件（案例一、案例二），要么就是在当时引起了较大的社会舆论（案例三），因此自然引发了刑事可罚性的判断。但实际上，饲养动物致人死伤的新闻比比皆是，只不过大多没有作为刑事案件处理。可见，关于动物饲养致人死伤的案件处理较为混乱、可罚性认识不清、归责判断路径欠缺。鉴于此，有必要深入分析饲养动物致人损害案的判断疑难，真正厘清意外事件和过失犯罪，实现案件的准确适用。当然本书的最终目的是期望通过对这些案例进行分析，提炼出过失不作为犯罪的归责路径，将研究结论推而广之。

二、过失不作为犯的实践判断困境及其辨正

（一）介入因素影响了因果关系的认定

在不作为犯罪中，刑事处罚的法理依据是有保证人地位的人能防止而未防止结果，而非旨在处罚他们造成了结果。质言之，从外观上看，直接

---

① 黑龙江省牡丹江市阳明区人民法院刑事判决书，（2017）黑1003刑初68号。
② 董柳：《两狗追逐狗绳绊倒老人致其身亡 专家：女孩不构成犯罪但有民事责任》，https://news.ycwb.com/2020-08/18/content_1075958.htm，访问日期：2020年8月21日。

引发结果的因素与不作为行为人的行为关联性较小，甚至难以找到存在论上的因果关系。例如，在食品、药品监管渎职犯罪案件中，直接导致食品安全事故或者药品安全事件的行为人是食品、药品的生产、销售者，而不是国家机关的工作人员。不过，由于国家机关工作人员具有明显的保证人地位，且《刑法》也设置了专门的罪名来规制，所以这类真正不作为过失犯的认定困难相对要小得多。而在动物行为介入的情况下，行为人形式上什么也没有做，关注点就落脚到了动物自发的撕咬、攻击、逃窜、扑人等行为上，尤其是在案例三中，几乎会统一地达成这样的认知，"宠物狗挣脱约束绳，这是谁也没有想到的"，该案是意外事件。没有人关注案例三中丁的不作为行为与结果的因果关系，都一边倒地只注意到了是狗追跑导致狗绳绊倒老人，换言之，是"狗的行为"导致了结果，从而在事实上就否认了犯罪构成要件中的因果关系。

（二）预见可能性判断的标准十分模糊

过失和意外事件的界分点在于有无预见可能性。"没有预见"是疏忽大意的过失和意外事件共同的要素，只有达到"不能预见"的程度才能构成意外事件。而"不能预见"是一种"开放的构成要件"，对此，我国学术界并没有倾注过多的精力，一直没有给出详细且具有可操作性的标准[①]。在司法实践中，也往往因为法官对过失和意外事件的理解不同而出现同案异判。例如，同样是因轻微暴力致使被害人突发心脏病死亡的案件，在"杨某1过失致人死亡案"中，法院认为"被告人其对可能导致被害人死亡的后果无法预见，也不可能预见"[②]；而在"杨某2过失致人死亡案"中，法院认为"被告人作为一个完全行为能力人，根据其智力和社会经验，应当预见自己的行为会发生危害社会的结果，因疏忽大意而没有预见"[③]。实际上，预见可能性的判断是上述因果关系问题的另一个侧面，因为一般来说，如果行为导致结果的因果关系不异常或者较明显时，就很难否认预见可能性。而在过失不作为案件中，不作为与结果之间一定存在介

---

① 储陈城：《意外事件的阶层化判断》，《刑事法评论》2017年第1期。
② 甘肃省庆阳市中级人民法院刑事判决书，（2014）庆中刑终字第167号。
③ 河南省郑州市二七区人民法院刑事判决书，（2011）二七刑初字第365号。

入因素（他人的行为、被害人体制、自然现象、动物行为等），这种介入因素必然会影响预见可能性的判断，从而引发归责困境。

（三）"作为性"认定的倾向影响了违法性判断重心

司法实践对于不作为的过失并不关注，即使在典型的不作为过失案件中，也必须寻找到一个"作为性"的过失行为。如在"刘某玩忽职守案"中，法官认为"刘某在制订工作流程过程中，未综合考虑漏洞与风险，在清查底单签字环节，仅规定农户对地上物的种类及数量确认无误后签字，未要求参与清查的工作人员及电力公司人员在底单上签字确定，没能发挥相互监督作用，致使工作组成员和村民实施贪污、诈骗犯罪，导致国有资产严重损失"，认定刘某具有所谓"抽象行政行为的过失"①。本案站在结果视角，强行从制订流程的行为中找出过错的作为行为，并以抽象行政行为的过失来认定刘某构成玩忽职守罪，不仅没有因此增加论证的合理性还给人一种欲加之罪何患无辞之感。其实，完全可以通过认定刘某没有履行好要求公示、稍做检查等保护国有资产的作为义务来论证其具有过失。反观案例三，虽然也能认识到是丁去牵了村民家的狗、是丁没有抓住绳子，但是这些行为本身并不如暴力致人病发死亡中的暴力行为那样具有明显的危险性，因此并没有人认真审视这些行为在刑法上的意义。实际上丁牵狗、遛狗的行为确实缺乏刑法意义，但是却成为显性的焦点，又因最终无法论证出牵狗、遛狗与老人死亡之间的因果关系，而只得认为本案是意外事件。现阶段司法判断的误区即在于此，过于关注、寻求"作为"，而忽略了管理不当的不作为也可能成立过失。

除此之外，认定过失不作为犯罪的最大阻隔，其实是我国理论与实践对于过失不作为犯的可罚性认识比较模糊。当然，这样的认识是容易理解的：一方面，过失犯罪的非难可能性明显小于故意犯，我国《刑法》也以处罚过失犯为例外；另一方面，通常也认为不作为犯罪的可罚性在许多情况下低于作为犯，如《德国刑法典》第13条甚至直接规定通过不作为实

---

① 北京市第一中级人民法院刑事判决书，(2017) 京01刑终62号。

施的犯罪可以减轻处罚①。面对大量的过失不真正不作为犯，由于难以发挥刑法的规制机能，就只能通过理论判断，通过以过失致人死亡罪、过失致人重伤罪为核心的开放性、兜底性罪名来认可相关事实的可罚性。

有学者指出，动物伤人行为并不是由饲养人自身实施的伤害行为，饲养人的过失在于未尽到应尽的管理义务。通过刑法解释的方式，将未尽足够管理义务的动物伤人问题与人类行为直接造成危害结果的过失犯罪做相同处理应当说还是比较牵强的②。认为过失作为与过失不作为的可罚性等级不同，且不应忽略二者差异并同等对待，自然是无可厚非的。事实上该学者的确也不否认动物管理不当致人死亡、重伤的可罚性，所以才提出设置法定最高刑为一年以下有期徒刑的"危险动物管理不当罪"。但是在我国《刑法》没有设置专门性罪名的情况下，认定为过失致人死亡罪或者过失致人重伤罪，并通过规范的量刑来体现行为的非难程度并不失妥当，而且面对众多具有可罚性的过失不作为犯罪，不可能一味仰赖于刑事立法，而有必要从理论上进行辨正和澄清，提炼出普适的过失不作为犯的归责路径，当然，这也并不意味着认可所有过失不作为行为的可罚性。

三、过失不作为犯的理论认定障碍及其纾解

（一）可罚的过失不作为犯被限定为监督管理过失

只是明确不作为犯中也有过失犯罪的空间，还并不能解决系列案件的适用问题。在案例一到三中，甲乙丙丁都具有某种不作为的表象，这是相对容易注意到的，而案例二中的林场主孙某某、案例三中养狗的村民和丁的监护人似乎也可能有不作为的空间：孙某某明知丙在其林场饲养恶性犬，只是提醒了丙管理好犬只，不要咬到人，并没有禁止其养狗；养狗的村民没有关好门，使其狗能被丁随意牵出；丁的监护人没有监管好丁。由此观之，刑法要从一群什么也没做的人中选出担责主体，恰恰是困难之

---

① 《德国刑法典》，徐久生 中译，北京大学出版社，2019，第10页。
② 黄云波：《论危险动物伤人行为的刑法规制》，《刑法论丛》2020年第3期。

处,并且稍有不慎,担责的主体就可能无限扩大。正是出于对刑法谦抑性和责任主义的考虑,在一般生活场域不会讨论过失不作为的责任承担问题。

  理论界一般只认为"监督管理过失"这一类型化的过失不作为犯罪具有普遍的违法性,而对其他一般生活领域的过失不作为行为则趋向于否认可罚性。不过,从语义上讲,任何人都可能存在监督管理过失,例如没有管理好饲养的宠物,当然也是一种监督管理过失。但事实上,对具备可罚性的监督管理过失,已经形成了更为狭义的、固化的理解:管理过失,是对一定的人或物的组织负有管理责任的人,因为没有确立安全管理体制所构成的刑法上的过失。监督过失,是对直接行为人存在指导、指挥、监督关系的人,因指挥监督上的不适当所构成的刑法上的过失。二者合称监督管理过失[1]。这种认识,源于日本司法实务的经验以及学者的理论提炼。在日本司法判例中,凡是肯定了监督过失的多是以业务上过失致死伤罪定罪的食品药品安全事故和建筑物火灾事故。在这些案件中,可能是现场的业务人员违规操作造成,可能是意外事件的介入,甚至可能是有人蓄意为之,但几乎都能找到监督者、管理者的过失。如果只处罚现场或基层的业务人员,就忽略了过失的源头,况且许多情况下缺乏违规的基层业务人员。可见,源于日本的监督过失理论起初是为了处罚科层制体制中的上级领导。我国学者在有了这样先入为主的认知后,对其学理上的解释又水到渠成,譬如,如果不限制监督过失存在的领域将会"违反监督过失的价值基础""僭越个人责任原则""不符合刑法的谦抑性""背离其产生于风险社会的起点",由此,监督管理过失成为一种专门用来处罚科层体制中监督者、管理者的理论模型。我国学者多在论述的开篇就明确提出监督管理过失理论的意义在于避免"手脚有罪头部无罪"[2]或者"离事故现场越远就越没有责任"[3]的不合理现象等表述作为研究必要性的支撑。概言之,

---

  [1] 曹菲:《管理监督过失研究:多角度的审视与重构》,法律出版社,2013,第6页。
  [2] 张继峰:《论监督过失在重大责任事故罪中的适用》,《天津检察》2016年第2期。
  [3] 郑鹤瑜、张闳诏:《论安全事故中监督过失的注意义务》,《湖北警官学院学报》2014年第3期。

过失不作为犯罪的处罚一般限于类型化的监督管理过失，而监督管理过失犯罪具备两个基本范围特征：从主体上看，用于处罚上级领导；从领域上看，限于处罚危险领域的业务行为，即如我国通说认为，这种监督管理过失只存在于危险领域①和于业务关系②。不过，这一关于过失不作为犯罪的处罚范围限制的理解显得有些叠床架屋。实际上，处罚领导这一主体限制只是表面的范围限缩，因为下级或者基层人员的直接业务过失往往是作为形式的过失，只有上级领导的过失才是不作为形式的过失。换言之，在业务过失犯罪中，如果不是上级领导，就根本不会构成不作为的过失。所以上述限制的实质是：过失不作为犯罪限于业务过失，而不包含普通过失犯罪。

这样一来，由于饲养动物的行为不能理解为业务行为，所以并不符合事先划定的监督管理过失的范围，从而影响了可罚性的判断。不过，这只能说明，饲养动物致人伤亡的行为往往不会被涵摄为监督管理过失犯罪，但不能排除被视为一般的过失犯罪来处理，案例一和案例二就是后者的体现。诚然，如果能如案例一和案例二那样合理地肯定过失犯罪的归责，似乎也没有必要将饲养动物致人伤亡的行为作为监督管理过失犯罪或者不作为过失犯罪来认识，因为无论理解为单纯的过失犯还是理解为过失不作为犯，都不会影响最终的结果。问题是，将过失不作为限定为监督管理过失，真的不会影响具体案件的判断吗？

答案是否定的。一方面，偏向性地在一些领域完全不考虑不作为的过失，会放纵一些犯罪；另一方面，当出现重大案件时，即便属于所谓生活场域，但由于缺乏类型化、合理化的判断方法，加之社会舆论和处罚冲动的催化，还是会无限扩大责任主体，从而真正违背责任主义。过失不作为犯罪，既是不作为犯罪又是过失犯罪，当属刑罚处罚的例外，对其成立范围进行限制无可厚非，但是将其限制于监督管理过失或者业务过失，并没有说明这一限制的实质法理，因此有必要进行更深入的分析。理论上普遍

---

① 李蕤宏：《监督过失理论研究》，《刑事法评论》2008年第2期。
② 童德华、马嘉阳：《刑法中监督过失的适用条件及归属限制》，《社会科学动态》2020年第6期。

从行为和结果两个方面来阐述业务过失的特点,从而区别于普通过失。从行为上看,业务过失是在职务、职业或者营业范围内的、具有危险性的、行为人反复实施或者将反复实施的专门性领域的过失犯罪;从结果上看,业务过失犯罪往往有更为广泛和严重的社会危害性①。行为的危险性和结果的严重性使得业务过失通常具有更严重的违法性;而行为的身份性和反复性使得行为人有更强的注意能力和预见可能性,从而体现了更高程度的有责性。区分业务过失和普通过失,并且业务过失的刑法惩处重于普通过失的法理根据也基于此。不过,这也只能说明不作为的业务过失通常更值得处罚,不能说明普通过失的不作为一律不应当处罚。而且,业务过失的各个特征也并非铁则般的要素,其概念与外延也存在流动性。例如,业务过失往往要求反复性,但是从上述概念来看,"将要反复实施"(实质上就是还没有"反复实施")也满足这一要求。又比如,业务过失通常造成更严重的危害结果,但显然这并非绝对。已经有学者研究认为,"业务范围的持续扩张使得业务过失与普通过失的边界不清""业务过失的刑法惩处不必重于普通过失"②。换言之,业务过失的概念本身具有模糊性,其自身已经不能支撑其加重处罚的根据,更遑论作为搭建过失不作为处罚范围的法理依据。鉴于此,有必要重新审视过失加重处罚的理由,重构过失不作为犯罪的处罚范围。

(二)过失不作为犯罪可罚性判断机理的理论重构

尽管将过失不作为犯罪限制于业务过失在理论上未必妥当,在实践中也无法坚持,但是绝大多数被认为可罚的过失不作为犯罪的确属于这一类型,我们或许可以从业务过失的法理中发现过失不作为可罚性根据的线索。

首先,业务过失要求职务、业务上的身份。一方面,特殊身份是结果回避义务的来源,在此意义上讲,特殊身份是违法性的来源或者违法性更

---

① 童德华、马嘉阳:《业务过失犯罪注意能力之双重判断标准的建构》,《江汉学术》2021年第6期。
② 梁云宝:《业务过失的刑法惩处不必重于普通过失》,《法学评论》2020年第1期。

重的依据;另一方面,特殊身份者往往具有更强的能力,对危害结果的预见可能性更明确。但是,就作为义务(结果回避义务)而言,显然除了职务和业务之外,还有其他的义务来源,没有理由认为只有职务和业务身份可以提供或者加重违法性,也没有理由断言职务和业务相较于其他义务来源更具有合理性。例如,当行为人饲养犬只之后,就具备了养犬人的身份,这一身份当然可以成为防止犬只伤人义务的来源。再如,除了一般意义上的身份之外,行为人的先行行为也可能创设作为义务。就回避结果和预见结果的能力而言,如果认为具备某种职务业务就具备某种程度的能力,显然是采取了行业领域内的平均人标准说(客观说),而这一标准未必合理。其次,业务过失要求业务领域的危险性。业务领域的危险性是指业务行为本身的危险性,例如司机驾驶汽车的业务行为就有发生交通事故的危险性。而一般的业务职务就不具备业务领域的危险性,比如教师实施惩戒不小心将学生耳朵打聋,但是教书这种业务行为本身没有蕴含对生命和身体的法益侵害危险性,导致危害后果的行为是教书以外的行为[1]。这里的危险性不同于过失行为的危险性,盖因要求行为之危险性并非业务过失特有之要件,其也是普通过失,甚至所有犯罪的要件[2]。但是危险领域本身就是一个极不明确且事实上也在扩张的概念,而且但凡是造成结果的行为就必然存在危险性,并非处于一般生活领域就避免了危险。关键是,即便能从概念上区分所谓业务领域的危险,也不能说明为什么具备这种危险就具备更高的可罚性。换言之,难以理解为什么司机驾车导致交通事故的可罚性要大于老师不小心把学生耳朵打聋的可罚性。再次,业务过失通常要求具有反复性。从事某一业务的反复性可能增强行为人回避结果的能力,也可能增强对结果的预见可能性,但是如前所述,这并不是业务过失的必备要素,而且在违反规则造成后果的情况下,通常也不会考虑行为人是否反复从事过业务。例如,我国《刑法》第 136 条规定了危险物品肇事罪,只要违反管理规定,在生产、储存、运输、使用中发生重大事故,造成严重后果的,就构成本罪,显然没有理由认为行为人在违反规定造成结

---

[1] 刘志伟、聂立泽主编:《业务过失犯罪比较研究》,法律出版社,2004,第 6 页。
[2] 姜伟:《犯罪故意与犯罪过失》,群众出版社,1992,第 317 页。

果的情况下，还必须要有过反复的业务实践才构成本罪。既然如此，就不能认为反复性对业务过失的可罚性判断产生实质性影响。最后，业务过失通常会造成严重的危害后果。不可否认，危害结果越严重越具有违法性，无论是普通过失还是业务过失，后果的严重性都当然地影响可罚性的判断，但这只能是一个事后判断，不可能因为普通过失通常不会造成特别严重的后果但事实上造成了特别严重的后果而减轻其可罚性，反之亦然。

分析发现，相较于普通过失，业务过失特有的可罚性只体现在业务过失具有的身份上。身份在不法层面意味着义务违反性，而普通过失可能缺乏此行为无价值性；在责任层面，尽管并不绝对，但身份通常体现为更强的预见结果和回避结果的能力。除此之外的特征，都难以证成其更重的可罚性。在过失不作为犯中，因为要求不法层面的不作为，所以当然地存在类似于业务过失的义务违反性；而在责任判断中，有必要接纳作为通说观点的个别化理论。所以理论上将过失不作为犯罪限定于业务过失或者监督管理过失，并不妥当，需要实质性地对不法性和有责任进行判断。

四、阶层化的司法判断方法构建

（一）不法层面：关注作为义务违反

前已述及，在管理过失的案件判断中，理论和实务界都只关注其过失属性，偏向于讨论危害结果与行为人的心理联系。长期以来，司法裁判都关注于寻求作为性的危害行为，如果找不到，或是难以从找到的"行为"中论述与结果的因果关系，就会得出意外事件的结论。作为的过失与不作为的过失应当分别判断，构建不同的判断路径，这样才不会脱离判断的重点。

在不法层面，应当关注行为人是否具有保证人地位且应当履行何种义务。自 19 世纪初，德国学者就承认法律、契约和因前行为所生的防止结果发生义务是保证人地位的三种类型，因为无法说明为什么这些人要防止结果的发生，故被称为形式的保证人地位（形式的义务说）。因此，保证人类型化理论（实质的义务说）的发展，因能够深化保证人地位之实质关系的法律基础，而被肯定①。有学者认为，保证人地位之类型化属于构成要件要素，而保证人的作为义务属于违法性要素②。笔者赞同这样的观点，虽然保证人理论被认为是不成文的构成要件，但是逐渐类型化的保证人地位，使得其仍具有推定违法性之机能，大抵可以充当三阶层中的构成要件符合性的作用，在具有保证人地位后不真诚履行作为义务则具有违法性。这样的判断思路不至于使得犯罪阶层理论陷入矛盾，还能增强阶层理论与过失不作为犯理论的融贯性。

关于保证人地位（作为义务来源）的判断，可以采取机能的二分说。该说认为保证人义务的机能一是监督特定的风险（危险源），二是保护特定利益免受危险。此说可以推出两类义务：一是基于风险支配的保证人是监督者保证人，必须保证他所答责的危险源不得输出对他人的损害，包括自己领域的事务、支配的人、先行行为创设的危险；二是基于制度照料的保证人是保护者保证人，基于家庭团结、紧密共同体，根据特定信任的保护功能的接管，基于特定公职产生的义务③。不作为义务来源理论还有很多，如结果原因支配说、事实的承担说等等，但是笔者认为机能的二分说更加适于我国司法实践。一是因为我国司法实践一直采纳的都是形式的义务来源理论，依赖行为的类型化，而二分说本身类型化程度较高；二是因为现阶段很多学者竭尽全力去寻找一个普适的原则作为实质来源，如对结果原因的支配，但是这些原则外延不够明确，甚至经不起推敲。不作为犯本身就具有浓厚的规范性质之目的与意义，不可能通过某一个原则来统一。进言之，光有实质理由还不够，还要被该国的法秩序、文化、价值所接纳，才可得适用。但即便笔者认为机能的二分说可以采纳，也不认为其中所有的观点都可以套用。如对于同居这样的紧密共同体能否产生作为义务，理论上争论不休。笔者认为，同居能否产生义务，在各国可能会得出不同的判断。在一个空前强调婚姻秩序和忠诚的文化环境中，单凭同居关系可能就难以产生作为义务；而在另外的国家，其可能就当然地成为作为

---

① 陈宏毅：《论过失不作为犯》，元照出版有限公司，2014，第174页。
② 大野真义等：《刑法総論》，世界思想社，2011，第86页。
③ 周光权：《论实质的作为义务》，《中外法学》2005年第2期。

义务的来源，这并不矛盾。理论只能为司法判断提供指引，而非使得司法者一劳永逸。

关于作为义务的赋予，应采取适度标准。在具有保证人地位的基础上，就应当履行因保证人地位所生发的作为义务。该义务应作刑法判断，而非一味赋予。例如，对于行政官员，基于其公职，可以要求他尽到较高的勤勉义务，要求其思想上为人民服务、对国家忠诚，都是合理的，但是落脚到刑法判断上，就应当适度。刑法上的义务是对普通人的义务，而非对能者的义务，不能要求过于严格。以案例三为例，丁的父母可能没有履行好监护职责，养狗的村民对其狗的管理还可以更进一步以避免丁可以轻易牵走，但是这些义务并不能成为刑法上的作为义务。因此，即便没有履行，也自始不具有刑法上的不法性。

（二）责任层面：合理选择过失标准

前已述及，我国判断标准主要分为主观说、客观说、综合说。在笔者看来，责任是个人的、是主观的，从逻辑上讲应当采纳主观说。如果行为人的认识能力强于一般人，还以一般人的认识能力来认定其无过失；或者行为人的认识能力弱于一般人，却以一般人的认识能力来认定其有过失，显然都是不可想象的。如果采纳主观说，确实具有年龄、智力、专业知识等更加具体的判断标准，但是该标准只是作为"预见可能性"的判断资料，并不能回答何为"预见可能性"，或者说还需要回答"预见可能性"要预见到何种程度。以前述轻微暴力致人病发死亡的案件为例，在因果关系层面目前已经形成通说观点即有因果关系自不待言，但是对于结果预见可能性则出现裁判不一的分歧。实际上只要坚持具体的结果预见可能性标准，即可认定：被告人不知道被害人患有疾病，也就不能预见自己的轻微伤害行为可能引发被害人的疾病而致其死亡。如果以但凡进行伤害就有可能导致他人死亡或者不能排除对方可能患有疾病等理由来认定过失，实际上是"危惧感说"的表现，即认为对于结果的预见可能性，只需要有轻微的危惧感、不安感即可。而要论证出手打人的行为者有这样的危惧感自然是容易的，无论采取客观说、主观说还是综合说都能论证出此种抽象的预见可能性。只有在采取具体预见可能性说的前提下，客观说、主观说才会体现出认定差异。例如，如果特定行为人知道被害人有心脏病，还进行殴打，就难说和其他不知道疾病的人一样不具有认识可能性了。

综上所述，虽然预见可能性是开放的构成要件，但是也并非不能具体化。不过，我国学者的研究多囿于客观说、主观说、综合说的选择，缺乏对"预见可能性"本身标准的研究，抑或孤立地对本身标准进行研究，使得实务界并没有认识到这二者的紧密性。而实务界的判断则更是基于法条规定所做的经验判断，论证过程缺乏体系化标准。虽然已有学者对"不能预见"给出了类型化的判断标准，即将不能预见分为几种情形，但是这样的情形本身并不周延，只是一种形式上的判断和经验的总结，落脚到特定案件时，不一定能够发挥准确界分的效果。据此，笔者认为，应当以具体的预见可能性为前提，采纳主观说的判断基准。

动物致害已经成为社会所关注的一种风险，尤其会对儿童和老人等自我保护能力较弱的群体产生生命和身体健康的威胁。正因如此，具有保证人地位的饲养者、管理者应当履行好管理义务。将非故意的饲养动物致人损害行为理解为意外事件是不妥当的，应当承认管理过失的成立空间。过失犯罪本身就以防范风险为目的、以一般预防为目的，不能笼统地以可能违反责任主义或者认为特殊预防必要性小，而不予追责。处罚管理过失并不等于违反责任主义，应当关注管理过失在一般生活领域的存在空间，对此进行教义学上的体系构建，不应停留于责任主义的价值纷争①。笔者从饲养动物致害行为的不作为和过失双重属性出发，构建了从不作为违法层面到过失责任层面的判断路径，力图为此类案件提供一个较为清晰的判断思路。当然，该路径实际上也能为其他不作为的过失犯判断提供可供参考的方法。

---

① 笔者不否认管理过失和一般过失具有差异，对于一般生活领域的管理过失可以在量刑上予以轻缓化。当然亦有学者提出我国应当建立监督管理过失的专门性一般罪名，笔者认为也值得进一步考虑。

第三章

违法性认识与期待可能性理论

第一节　中国语境下违法性认识理论的体系审视与归正

学界对于违法性认识的内容、立场、地位和判断等基本问题已有较为深入的讨论。不过，这些理论争议尚未尘埃落定，而是进入长期僵持阶段，使得理论的实质性进展缓慢。有学者认为，目前关于违法性认识的研究，的确应该进入更加具体深入的阶段，为司法实践提供切实可行的解决方案①。但问题是，既然理论上尚无定论，那么如何确保所谓的司法可行方案不是一家之言？事实上，与其在封闭的理论演绎中得出指导司法实践的方案，不如反观司法现状并抽象和改造出契合中国语境的违法性认识理论，唯此，才能真正扭转违法性认识的实践命运和理论前途。本书试图通过对司法案例样本的分析，真实反映违法性认识理论在司法实践中的适用现状，在此基础上进行理论审视与回应，厘清违法性认识的体系地位，在犯罪论体系内外寻求违法性认识和违法性认识可能性的落脚点，从而为违法性认识争议案件的解释适用提供参考。

一、违法性认识的实践认知与问题意识

（一）违法性认识争议案件的总体情况

笔者在威科先行法律信息库，以"违法性认识"为关键词检索到1 299份刑事裁判文书②。如表3-1所示，违法性认识争议案件数量呈现逐年递增趋势，且案件数量在近年有较大幅度增加。检索发现，违法性认识争议案件集中于我国《刑法》第三章"破坏社会主义市场经济秩序罪"和第六

---

① 车浩：《法定犯时代的违法性认识错误》，《清华法学》2015年第4期。
② 参见威科先行·法律信息库（https://law.wkinfo.com.cn）。

章"妨害社会管理秩序罪",分别占比49.53%和24.88%。可见,在法定犯领域,违法性认识的争议案件并不鲜见且逐渐增多。

表3-1 案件数量分布

年份	案件数量/件	占比/%
2016年及以前	194	14.93
2017年	138	10.62
2018年	209	16.09
2019年	320	24.63
2020年	365	28.10
2021年	73	5.62
总计	1 299	100.00

注:2021年案件数量较少是由于截至本书写作时,较多案件尚未审结或公布。

(二)对违法性认识及可能性的运用情况

1. 对违法性认识的运用情况

为了充分反映违法性认识在司法实践中的现实情况,笔者以"近一年"为时间范围限定,筛选出了300个判例样本,除去其中系概念误用的45份样本后,得到255份有效样本。

分析得出:①辩护方提出违法性认识错误的意图在于减少行为人的刑事责任(包括从轻、减轻、缓刑、免于处罚)。在255份样本中,仅有25份样本显示辩护方提出违法性认识错误的辩护理由旨在出罪,只约占9.8%。②辩护方在论证违法性认识错误时缺乏说理。在255份样本中,单纯提出没有违法性认识而没有阐述理由的,以及以法律意识淡薄、文化水平较低等笼统理由来论证没有违法性认识(或者违法性认识不清楚)的,有178份,占比约为69.8%。③法官对于非法定的违法性认识事由重视程度较低。在255份提出违法性认识错误抗辩的样本中,有166份没有得到任何回应,占比约为65.1%。值得注意的是,法官的回应率与辩护方的说理程度有较大的关联,在77份对缺乏违法性认识有一定说理而不是单纯或者笼统提出缺乏违法性认识的案件中,只有24份没有得到法官的回应,占比仅约为 31.2%。④违法性认识错误难以影响裁判结果。在得到法官回应的 89 份案例中，有 21 份裁判理由直接认为"违法性认识错误不影响定罪量刑"，占比约为 23.6%。在 255 份有效样本中，最终因为违法性认识错误影响定罪量刑的仅有 24 件，占比仅约为 9.4%。相似地，在最终影响定罪量刑的 24 个案件中，有 19 个具备较为充分的辩护说理，占比约为 79.2%，可见，对违法性认识错误的说理情况与结果关联密切。

2. 对违法性认识可能性的运用情况

实践中普遍认为违法性认识错误不足以阻却犯罪，例如有判例提出，"违法性认识错误不是阻却犯罪构成的事由，因此，无法讨论类似问题，也无法采纳辩护人的意见"①。但是，不少判例提及，当违法性认识错误不可避免（没有违法性认识可能性）时则可以阻却犯罪。例如，在刘某、黄某妨害信用卡管理案中，法官认为"成立犯罪不要求行为人认识到行为的违法性，行为人有违法性认识的可能性就具备了责任要素"②。换言之，该案法官认可不具备违法性认识可能性就不构成犯罪的观点。为了分析实践中对违法性认识可能性的运用情况，笔者逐个梳理上述 255 份有效样本，得到了 19 份述及"违法性认识可能性"的裁判文书。

分析显示：①辩护方提出缺乏违法性认识可能性的意图主要在于出罪。在 19 份样本中，希望以此出罪的有 10 份，占比约为 52.6%。②法官对于违法性认识可能性的抗辩重视程度高，回应率达到 100%。③辩护方在论证时说理更为充分，没有论述理由或者笼统论述理由的，只有 5 件，占比仅约为 26.3%。④缺乏违法性认识可能性更可能影响裁判结果。法官对违法性认识可能性的判断进行较为详细说理的案件有 10 份，超过半数，最终实际上影响定罪量刑结果的案件有 4 件，占比约为 21.1%。

3. 对违法性认识及可能性运用的特点

经分析，违法性认识及其可能性在司法实践中主要呈现如下两个特点：

---

① 江西省上饶市中级人民法院刑事裁定书，(2020) 赣 11 刑终 238 号。
② 吉林省长春市中级人民法院刑事判决书，(2020) 吉 01 刑终 469 号。

其一，违法性认识已经深入实践，知法推定的传统思路已然动摇。尽管从整体回应率来看，辩护方提出行为人产生违法性认识错误的抗辩理由后，有65.1%的案件都得不到回应，但这主要是由于辩护方仅仅是将其作为一种辩护技巧，作为补强说明行为人系初犯、偶犯或者主观恶性小的附带理由，往往缺乏说理（只是单纯提出缺乏违法性认识），或者论证单薄（大多数是由于文化水平低、法律意识淡薄等），甚至妄图以单纯的不知法来逃脱或者减轻罪责。对这样的抗辩理由，要么已经采纳了"主观恶性小"等酌定量刑情节，而无须正式回应缺乏违法性认识的抗辩，要么当然地不值得回应。而在辩护方认真阐述行为人缺乏违法性认识情有可原的情形下，近七成法官做出了正式回应，而没有正式回应的案件也不意味着对量刑没有任何影响。正如，有学者抽样研究发现，"尽管实务界不（明确地）承认错误的合理与否可能对刑事责任产生的影响，不过，真诚的法律错误尤其是合理的法律错误，显然影响了量刑。尽管法院的判决书在从轻处罚的事由中并未提及认识错误，但其对量刑的作用显然不容否认"①。不知法不赦的自然犯时代已经过去，尽管违法性认识并非法定的定罪量刑事由，但是在常识常理常情理念的影响下，早已经逐步影响司法实践。相反，不顾违法性认识对罪责的影响，往往会引发舆论的质疑和批判，"王力军非法经营案"和"赵春华非法持有枪支案"等奇案即是如此。

其二，违法性认识错误只影响量刑，而违法性认识可能性影响定罪。从提出角度来看，辩护方一般只期待违法性认识错误影响量刑，只有当缺乏违法性认识可能性时才主要期待影响定罪（或是获得免于处罚、缓刑等极轻的量刑）。从审查角度来看，法官也认为没有违法性认识可能性才能阻却犯罪，可避免的违法性认识错误只可能影响量刑。例如，后述的何继州等滥伐林木案中，法官指出："一般而言，行为人违法性认识错误不可避免的，行为人没有责任，对其行为不能以犯罪论处；行为人违法性认识错误可以避免的或者行为人没有思考行为的违法性的，行为人有责任，但非

---

① 劳东燕：《风险社会中的刑法：社会转型与刑法理论的变迁》，北京大学出版社，2015，第436页。

难可能性有所减少,应当或者可以从轻处罚。"①

(三) 违法性认识及可能性的理论课题

在相当长的时间里,违法性认识争议案件在我国审判实践中寥寥无几,学界难以从鲜活的案例中获得理论素材,是故,以引介德日刑法理论为主的研究成为必然的潮流。以犯罪论体系变革为契机和三阶层理论体系为平台,违法性认识理论研究一度进入活跃期。但随之而来的不是契合我国的违法性认识判断方法与规则,而是研究停滞不前和低水平重复的弊象,正因如此,数年前就有学者呼吁,违法性认识的研究应该进入更务实的技术建构阶段②。尽管,这是为了避免理论与实践"两张皮"的必然要求,但笔者认为当时的时机并不成熟,究其根本原因,在于与中国语境互动与融合的素材不足。一来,由于当时我国实践中出现的违法性认识争议案件不多,典型案件也极少,缺乏认知违法性认识的社会环境和审判实践③。二来,尽管学界理论研究炽热,但是理论研究影响实践的时间较短,缺乏实践筛选与认同的过程,在此基础上进行的技术构建会不可避免地忽略实践感受与中国国情。三来,当时就提出应该进入务实的技术构建阶段,主要是基于回应理论研究停滞和重复的局面,而这一论断如今看来并不符合实情,因为此后的多桩案件再次将违法性认识的理论研究推向高潮。

从刑事立法动向来看,我国进一步迈向法定犯时代和微罪扩张时代④,这一变革仍在持续,违法性认识争议案件也在这种潮流中不断涌现,这为违法性认识之研究提供了丰富的案例素材。事实上,这些素材的涌现亦与近年来的理论研究关系密切。可以认为,尽管知法推定的传统思维并未消

---

① 江苏省宿迁市宿城区人民法院刑事判决书,(2019) 苏 1302 刑初 751 号。
② 车浩:《法定犯时代的违法性认识错误》,《清华法学》2015 年第 4 期。
③ 引发舆论关切和司法重视的"新四大奇案"(赵春华非法持有枪支案、王力军非法经营案、卢氏兰草案、王鹏鹦鹉案)均在此后发生。此外,根据这一论断提出者的描述,当时仅有 60 多个有关违法性认识的判例,而如今已经翻了几十倍。
④ 梁云宝:《积极刑法观视野下微罪扩张的后果及应对》,《政治与法律》2021 年第 7 期。

解，但违法性认识的理论研究和司法实践已经进入互动和融合的阶段，在前期理论启蒙基础上，技术构建与理论回应的契机已经较为成熟。正如有学者所指出的，要"尽可能摆脱对德、日理论体系的过度依赖……将法官的问题思考和学者的体系思考结合起来，提炼疑难刑事案件的裁判规则，形成有助于解决中国问题、融入更多'中国元素'的教义学原理，并在此基础上逐步建构具有中国特色、更加本土化的刑法学……"① 为此，有必要审视违法性认识与违法性认识可能性的内涵与关系，厘清违法性认识及可能性的体系地位，并以定罪量刑为导向构建判断标准与方法。

二、违法性认识和违法性认识可能性的内涵界定

（一）违法性认识的概念

违法性认识，也称违法性意识或者不法意识，是指行为人主观上认识自己所实行的客观行为属于违法的情形②。就如何定义违法性认识而言，其概念是非常单一的，但其内涵非常丰富。我国刑法理论界对违法性认识概念的阐释已经呈现多样化局面③，探讨焦点集中于：违法性认识与社会危害性的关系问题、违法性认识中的违法性是实质违法性还是形式违法性的问题、违法性认识的对象问题。

实质违法性认识与形式违法性认识之争同社会危害性认识与违法性认识关系之争，本质上是同一问题，因为实质违法性与社会危害性基本能画上等号。对此，陈兴良教授认为："在我国刑法中，应当坚持社会危害性认识与违法性认识相一致的观点。社会危害性认识只不过是我国刑法使用的特定用语，其法理上的含义应当是指违法性认识。"④ 不过，这种观点遭到

---

① 周光权：《论中国刑法教义学研究自主性的提升》，《政治与法律》2019 年第 8 期。
② 余振华：《刑法总论》，三民书局，2019，第 301 页。
③ 魏东、雷鑫：《影响力案件的刑法教义学实证审验功能：以故意责任中"明知"的法理阐释为例证》，《法治现代化研究》2019 年第 6 期。
④ 陈兴良：《违法性认识研究》，《中国法学》2005 年第 4 期。

了普遍反对，有学者认为，"将两者合二为一的观点，其实是要用社会危害性认识的判断替代违法性认识的判断，以此消除将违法性认识作为犯罪故意要素所面临的解释困境及证明上的难题"①。还有学者更是一针见血地指出，"违法性认识和社会危害性认识作一致解释的做法，导致违法性认识不被评价，其实是不要说"②。质言之，违法性认识中的违法性应理解为形式的违法性，否则违法性认识的讨论将缺乏实际意义。在承认脱离形式违法性从实质违法性出发的观点不可取的前提下，有学者提出二者并不相互抵牾、彼此对立，只有一并加以考量才能理解违法性③。但是，笔者认为，即使认为实质违法性与形式违法性不应被孤立、割裂地看待，也没有必要将违法性认识中的违法性理解为实质违法性与形式违法性的统一，因为缺乏所谓实质违法性认识，完全可以在故意的法理中得到解决，需要被重视的是违法性认识本身的机能和体系地位。

对违法性认识对象的理解仍存在争议。对认识对象或内容"法"的理解，关乎这一概念的外延范围，按照从宽松到严格的程度，可以分为"反社会认识说""违反前法律规范认识说""违反法律规范认识说""违反刑法规范认识说""可罚的违法性认识说"④。前两种观点将违法性认识的对象理解为道德伦理规范（只不过前者更为彻底），由于抹杀了道德伦理与法律规范的区别，使得违法性认识丧失了其本身的机能，因此并不合适；最后一种观点将违法性认识理解为可罚的刑法违反的认识，即认为法律效果也是违法性认识的对象，然而反对动机的产生并不以认识到刑罚为必要，也没有理由保护那些期待受到轻的处罚（法定刑认识错误）而实施重罪的人⑤，所以此观点也缺乏认同。那么，仍有争议的问题是，这里的认识对

---

① 刘之雄：《违法性认识的刑法学理论异化与常识回归：基于解读犯罪故意实质内涵的分析》，《法商研究》2019年第4期。
② 童德华：《违法性认识在犯罪构成中的地位：两种意义的不要说和必要说的对话》，《山东警察学院学报》2012年第1期。
③ 黄翰义：《刑法总则新论》，元照出版有限公司，2010，第131页。
④ 李涛：《违法性认识的中国语境展开》，法律出版社，2016，第69-72页。
⑤ 张明楷：《外国刑法纲要》，法律出版社，2020，第216页。

象是所有法规范的违法性，还是仅指刑法规范的违法性？德日主流观点认为，违法性认识的对象包括民法、行政法等规范的违法性①。其理由在于违法一元论和法秩序统一性原理，即认为多个法域所构成的整体法秩序中并不存在矛盾，法域之间也不应当做出矛盾冲突的解释②。认识到违反整体法秩序或者任何法律规范就能认识到刑事违法性，因此并不需要特别地将违法性认识之对象限于刑法规范。有批评意见指出，"违法一元论仅仅意味着，刑事违法性必须以民法、行政法违法性为前提……但是这并不意味着只要是民法、行政法上的违法行为就必然具有刑事违法性"③。换言之，违法性具有相对独立性，由此可以自然地推论出违法性认识的对象只能是刑法规范。随着国内研究的不断深入和刑事推定技术的运用，担忧"违反刑法规范认识说"范围过于狭窄而可能放纵犯罪的观点被认为是混淆了实体和程序④，支持该说的学者逐渐增多，可谓是当前的通说观点。

需要明确，只有在采取违法性认识必要说（严格故意说为主）的前提下，违法性认识对象才是一个有探讨重要性的问题，因为只有在此种情况下，违法性认识才具有影响故意或者责任成立的可能性。换言之，上述"通说观点"限于必要说的范围内。在其他立场之下，这一对象的探讨意义十分有限。详言之，倘若采取不要说，违法性认识不是成立犯罪的要素，那么其外延如何自然无关紧要；倘若采取可能性说（责任说），由于证明对象趋同，认识对象是什么也就无足轻重了。就如，责任说论者普遍认为违法性认识对象是刑法规范，但实际上，只要能证明行为人认识到自己违反法秩序甚至道德规范，就能认定"可能性"之存在，与广义法规范说唯一的不同之处仅在于他们宣称违法性认识（可能性）之对象是刑法规范。

---

① 大谷实：《刑法讲义总论》，黎宏 中译，中国人民大学出版社，2008，第309页。
② 松宫孝明：《刑法总论讲义》，钱叶六 中译，中国人民大学出版社，2013，第81页。
③ 柏浪涛：《违法性认识的属性之争：前提、逻辑与法律依据》，《法律科学（西北政法大学学报）》2020年第6期。
④ 陈璇：《责任原则、预防政策与违法性认识》，《清华法学》2018年第5期。

众所周知，具备探讨重要性的前提——违法性认识必要说，并非我国主流理论观点也不为司法实践所认同，可见，继续在犯罪论体系内探讨其认识对象缺乏实际价值，甚至有些匪夷所思。有学者也敏锐地指出，违法性认识不能在犯罪论之中得到规范评价，而在独立于犯罪论的刑事责任论中评价违法性认识比较妥当①。也有学者认为法定犯的违法性认识错误与犯罪故意的成立无涉，但减免刑事责任②。这一立足于刑事责任论（刑罚论）来为违法性认识寻求归宿的新见，与前文"违法性认识至多影响量刑"的实证结论不谋而合。但令人费解的是，即便理论界已经清楚地知道违法性认识只能影响量刑③或者认识到"违法性认识具有与否及程度高低是酌定量刑因素之一"④，且可能性说逐渐成为通说（即也认为现实的违法性认识不影响定罪），却仍然痴迷于在犯罪论体系内为违法性认识寻求地位。鉴于此，本书试图打破体系内的障碍，从刑事责任论的角度来重新认知违法性认识的对象。

在犯罪论体系内，违法性认识是否阻却犯罪这一争议的症结是"公益"与"私权"的博弈⑤。所以，其对象究竟是刑法规范，还是法律规范，抑或是法秩序等内容，不可等闲视之。但是，在犯罪论体系之外，基于刑罚论的功能定位，违法性认识对象的外延不必在责任主义与刑事政策的紧张关系中无所适从，因为这一外延的大小不再一刀切地决定罪责之有无。由此一来，那些因为刑事政策的理由而不合适的观点，得以在刑罚论的视野下被重新审视，从而释放违法性认识错误的成立空间，发挥刑事责任论的机能以兑现法治国的承诺。

---

① 童德华：《违法性认识在犯罪构成中的地位：两种意义的不要说和必要说的对话》，《山东警察学院学报》2012年第1期。

② 丁成：《法定犯违法性认识错误研究》，硕士学位论文，华东政法大学刑法学系，2014，第30页。

③ 高铭暄、赵秉志：《刑罚总论比较研究》，北京大学出版社，2008，第160页。

④ 李国权：《违法性认识的实证分析与阶层判断：基于769份刑事判决书的分析》，《新疆社会科学》2021年第1期。

⑤ 王志远：《在"公益"与"私权"之间：违法性认识问题再认识》，《法学家》2015年第1期。

以最亲和责任主义的"可罚的违法性认识说"为例，在犯罪论体系内，承认法定刑错误事实上便保障了实施轻罪的自由，显然没有任何可接受性。但是，如果认为这一错误至多只能成为一个酌定量刑情节，那么该说也能被普遍认同。实际上，法定刑认识错误的情形并不罕见，但在以往的理论和实践中却无可避免地被无视。有学者实证研究发现，我国《刑法》罪刑不均衡的条文占比近1/4①。"河南大学生掏鸟窝案"② 等案件之所以引发舆论质疑就在于量刑畸重，出离了一般人的理性预测。在承认《刑法》罪刑结构不完全合理且国家普法义务履行不完美的情况下，法定刑认识错误对可谴责性之影响也应该被正视。综合以上分析，笔者认为，违法性认识是对可罚的刑法规范的认识，圆满的违法性认识既包含对刑法构成要件之认识也包含法定刑的认识。

（二）违法性认识可能性的概念

违法性认识可能性，即行为人主观上认识到客观行为违法性的可能性。有无违法性认识可能性与违法性认识错误可否回避，是本质上相同的两个问题③。采纳违法性认识可能性说（限制故意说、责任说）的论者否认现实的违法性认识是故意或责任的要素，相应地，应当专门研究违法性认识可能性的概念与体系定位等问题。而以违法性认识错误可否避免这一判断来充当违法性认识可能性的判断，尽管在逻辑上并没有什么问题，但是却导致对这一概念的讨论必须在违法性认识本身的研究上延续，从而在某种程度上桎梏了对违法性认识可能性的深入分析。基于这种考虑，后文以"违法性认识可能性"为探讨对象。

罗克辛指出，罪责应当理解为不顾规范可交谈性的不法行为④。换言

---

① 白建军：《犯罪轻重的量化分析》，《中国社会科学》2003年第6期。
② 2014年7月，河南大学生闫啸天和同乡朋友王亚军，在新乡辉县市高庄乡土楼村先后掏了两窝小鸟共16只，分别卖给郑州、洛阳、辉县市的买鸟人。经鉴定，16只小鸟均为国家二级保护动物燕隼。闫啸天因此获刑10年6个月。
③ 张明楷：《刑法学》，法律出版社，2016，第33页。
④ 克劳斯·罗克辛：《德国刑法学总论》第1卷，王世洲 中译，法律出版社，2015，第568页。

之，不能基于极端的国家主义径直进行知法推定，将不知法的风险负担全部落在公民身上，而必须考察行为人是否处于规范呼唤的状态，是否有认识法规范的条件和可能性。质言之，要肯定非难可能性，只需要证明有守法动机的可能性。那么，此违法性认识可能性之"法"是否应如违法性认知之对象一样，理解为可罚的刑法规范呢？并非如此。一方面，守法动机的产生并不以认识到法定刑为必要，反对动机的形成并不是只有通过刑罚威吓才能实现，只需要具备认识到作为禁止规范和评价规范部分的可能性即可；另一方面，即便认为不可能认识到现实的更高的法定刑，至多也只能在此部分内减免刑事责任，无涉犯罪成立与否，以法定刑认识可能性作为判断内容只会导致违法性认识可能性体系地位的不和谐。所以，笔者认为，违法性认识可能性是指认识到违反刑法规范的可能性。

有疑问的是，如果能够认识到行为违反民法、行政法规范，就能产生反对动机，那么此处的认识对象为何却限于刑法规范？首先，此种推论不一定真实。基于违法一元论的认知，法秩序具有统一性，那么认识到违反非刑法规范即能肯定也认识到违反刑法规范。不过，由于刑法规范与行政法规范、民法规范确实存在质与量的区别（否则也不存在划分法域的依据），这种推定认识到法规范就认识到刑法规范的结论或许并不符合实际情况。其次，此种推论存在逻辑问题。诚然，能够认识到行为违反民法、行政法规范即能产生反对动机，但这种反对动机是不实施违法、侵权行为的反对动机，并不能以此肯定刑法上的责任。最后，如前所述，"可能性"极大缓解了证明困境，将对象限定为刑法规范只是一定程度上提高了证明标准，并不能否认事实上认识到违反非刑法规范就极可能具备违反刑法规范的认识可能性，此种情况下，如果再将可能性的证明对象降低为法规范或法秩序，那么违法性认识可能性的实际机能将被完全掏空。

（三）违法性认识与违法性认识可能性的关系论

有关违法性认识与违法性认识可能性关系的问题，缺乏针对性研究。为数不多的观点反映了学界对二者关系的基本看法，即"行为人对法律的无知或者错误是不可避免的，就可以说明行为人缺乏违法性认识可能性"①。"由于对违法性认识可能性的判断前提是缺乏违法性认识，因此，确定是否存在违法性认识（有无违法性错误）具有重要的意义。"② 概言之，违法性认识的判断是违法性认识可能性判断的前提，二者因违法性认识错误能否避免的问题而联结起来。实际上，上述命题在论及二者关系的场合下，已经预设了采取限制故意说或者责任说的前提，不利于在各自机能下准确把握二者的关系。

事实上，违法性认识不必然是违法性认识可能性的判断前提，二者没有必然的联系。一方面，如前所述，基于影响量刑或定罪的不同机能，违法性认识的对象是可罚的刑法规范，违法性认识可能性的判断对象是刑法规范。因此，当只是存在法定刑认识错误时，不需要判断这种错误的可避免性，此时不存在违法性认识可能性的判断问题，也不可能因此影响犯罪成立。另一方面，违法性认识可能性可以直接判断，设置违法性认识判断的前置条件反而阻滞了体系效率，并且违法性认识可能性多被认为是消极的证明要素，在缺乏相当理由时可以直接推定，需要判断的场合才是例外③。所以将违法性认识作为判断前提既无必要，也不符合真实的司法证明现状。既然二者并无互为前提的认识和判断上的关联，那么与其寻求二者的联系，不如厘清二者区别，方能清晰地揭示理论轮廓，明确违法性认识和违法性认识可能性的关系。

即便是采纳责任说的学者也一致认为"虽然责任谴责条件只是违法性认识可能性，但是现实的违法性认识的有无能够影响责任谴责的程度"④。囿于体系内的思考，论者不得不将违法性认识和违法性认识可能性对犯罪的影响体现在与"责任"的关系上，但这并不能掩盖作为责任要素的事由只是违法性认识可能性。而所谓对责任程度的影响，其实际上的法律效果

---

① 付立庆：《刑法总论》，法律出版社，2020，第248页。
② 松原久利：《未必的违法性认识：关于违法性认识可能性与期待可能性》，赵天琦 中译，《南大法学》2021年第4期。
③ 王冠：《伪P2P类非法集资平台从业人员违法性认识的判断》，《人民检察》2019年第4期。
④ 柏浪涛：《错误论的新视角》，中国民主法制出版社，2020，第351页。

也只在犯罪论体系外的量刑上而已。有人可能会质疑,既然采取责任说的学者并不否认违法性认识的有无能够影响责任程度从而也能在实际上影响量刑,那么非要区分体系内外,也不过是文字游戏般的理论演绎。事实上,这一体系区分的价值还体现在其他方面。

一方面,在违法性认识可能性说的范围内,体系内的思考势必导致重违法性认识可能性,轻违法性认识的程式化思维。其一,如前所述,普遍认为违法性认识的判断是违法性认识可能性判断的前提,这实则就是以违法性认识可能性为判断归宿的体现。其二,只是承认违法性认识的有无能够影响谴责程度,实际上忽视了在一刀切的"有无"判断之外,还存在未必的违法性认识①等具体情况也会影响谴责程度。其三,由于证明难度极低(甚至在非例外情况下可以直接推定),违法性认识可能性说本身就是"缓和的违法性认识不要说",在此种几乎无法影响定罪的语境下,应当为违法性认识寻求有别于可能性的体系定位,以彰显其价值。

另一方面,在违法性认识说的范围内,体系内的思考无法避免在刑法规制和责任主义之间摇摆不定的理论困境。其一,必然基于不同考量产生违法性认识不要说、违法性认识必要说、自然犯法定犯区别说等立场,并必然最终因为都无法坚持而不得不另谋出路。其二,在学说内部,对于违法性认识的对象(及其证明要求)也会产生较大分异,导致即便表面上形成了理论共识,实际上也千差万别,显然不利于供给实践。其三,在体系内思考,违法性认识只能影响定罪不能影响量刑,法律效果单一,并且这一法律效果从实证上看,正好是无法实现的效果(因为实践中违法性认识只影响量刑)。

综上所述,要理解违法性认识与违法性认识可能性的关系,应当分别在犯罪论体系外和体系内来认识,把握二者区别,突破理论上长期将违法

---

① 有采纳严格故意说的学者认为存在未必的违法性认识的情况,这种情况下应认定行为人属于间接故意(实际上降低了非难可能性)。换言之,未必的违法性认识属于有违法性认识,但实际上也影响了量刑,这是采取责任说的学者没有考虑的(王俊:《法定犯时代下违法性认识的立场转换》,《现代法学》2020年第6期)。

性认识和违法性认识可能性混杂在一起讨论的现象。在厘清二者概念和关系的基础上，接下来笔者将审视现有理论观点，进行妥当的理论重构。

三、违法性认识的立场和地位

当前，理论上仍然纠缠于成立犯罪是否需要违法性认识（可能性）、违法性认识在犯罪论上处于何种地位的问题①。在前一个问题（立场问题）上，存在针锋相对的违法性认识不要说和违法性认识必要说，妥协折中后的法定犯自然犯区别说和违法性认识可能性说的争议；在后一个问题（地位问题）上，主要存在故意说和责任说两种方案。对此，已有学者呼吁"对我国刑法而言，问题的关键不在于违法性认识在犯罪论体系中的位置，而是构建或完善能够维护个体正义的制度技术"②。甚至有学者分析后放弃了体系之争，认为"试图借助规范平台为违法性认识提供恰当的容身之所，这种提前预设平台的做法是不恰当的"③，必然导致客观事实上的不尊重、法律概念上的不兼容、法律效果上的两极化。在理论研究出现停滞和反复的局面前，"制度构建"以其务实性成为学术转向的时髦话术，违法性认识研究迎来了研究范式的变革。但不可否认，这种变化本质上并非立场和地位问题没有意义，只不过是讨论不清楚罢了，与其说是转向，不如说是逃避。况且，立场和地位是违法性认识理论的核心和基础，脱离于此的制度技术只会走向任意而不能为实践参考。在继续探讨立场和地位问题之前，有必要澄清两个研究上的误区。

其一，立场问题和地位问题不应混淆。受德日刑法阶层论影响，对法律错误理论的重心的讨论往往围绕违法性认识究竟是故意的要素还是责任的要素展开。以至于出现无论在前一个问题上采取何种观点都必然讨论体

---

① 张明楷：《刑法学》，法律出版社，2016，第317页。
② 劳东燕：《责任主义与违法性认识问题》，《中国法学》2008年第3期。
③ 孙继科：《违法性认识体系地位争论之否定：兼谈违法性认识功能定位》，《西华师范大学学报（哲学社会科学版）》2021年第5期。

系地位的研究现象。有学者称，关于违法性认识"一边是责任主义的崇高理念，一边是犯罪治理的现实需要，两边都不可偏废。于是，在违法性认识的体系地位上，'故意说'与'责任说'展开了旷日持久的论争"①。但是，"要不要违法性认识"与"违法性认识处于什么地位"并非是具有因果逻辑的问题，亦不难理解，倘若采取违法性认识不要说的观点，那么就完全没有必要再讨论违法性认识在犯罪论体系上的地位。

其二，违法性认识和违法性认识可能性的概念应该区分。前述研究已经得出初步结论，即违法性认识和违法性认识可能性是不同的概念。但是在违法性认识立场和地位这一基本问题的研究中，普遍笼统地使用这两个概念。譬如，有学者指出"违法性认识不是故意的要素"（即应当是责任要素）②，但该论者所采取的观点来自可能性说。这样一来，究竟探讨的是"违法性认识"还是"违法性认识可能性"的概念并不明确，必然导致体系地位的研究结论不清晰、不深刻。还有学者认为，"对于违法性认识不要说来讲，违法性认识可能性是一个没有任何意义的概念"③。换言之，论者认为违法性认识可能性说也是违法性认识必要说，那么必然在采取可能性说的前提之下，继续寻求违法性认识本身的体系地位，或者混淆二者概念，这显然不利于为违法性认识可能性（该论者采取的真实立场）找到准确的体系定位。

承上所言，既有理论并没有严格区分立场和地位，有的理论梳理以立场为标准分为不要说、必要说等，有的理论梳理以体系地位为标准分为故意说和责任说等。不过，提前为违法性认识和违法性认识可能性预设体系平台的做法会限制立场问题的展开，也不符合先确定立场再讨论体系的基本逻辑，因此，后文先以立场为主要标尺梳理理论，再进行体系归正。

---

① 田宏杰：《走向现代刑法：违法性认识的规范展开》，《政法论坛》2021年第1期。
② 周光权：《违法性认识不是故意的要素》，《中国法学》2006年第1期。
③ 于洪伟：《违法性认识理论研究》，中国人民公安大学出版社，2007，第136页。

(一) 违法性认识的立场之争

1. 违法性认识不要说和必要说

违法性认识不要说可以追溯至罗马"不允许法的错误"(error iurisneminem)的原则和"不知法律不免责"(Ignorantia juris non excusat)的法谚。无限制的不要说认为只要对犯罪事实有故意就成立故意责任,违法性认识不是故意的成立要件。基于心理责任论的认识观,违法性认识既不是故意的要素也不是责任的要素,违法性认识在犯罪成立中不被考虑。但是大多数采纳违法性认识不要说的学者也肯定在极特殊情况下,缺乏违法性认识应当阻却故意(限制否定说),否则将会与常理背道而驰。但正如美国法院在克芒威尔士案的判例中指出:"在某个特殊案件中适用'允许对法的不知'这一原则也许会显得过于苛酷,然而,我们无法表明、甚至无法想象对这一原则的修正。"①

违法性认识必要说则体现"不知法者不为罪"这一针锋相对的法谚。该说立足于规范责任论,认为要对违法行为负责任,就要有责任非难的依据,从而强调违法性的认识。在其内部,严格的故意说认为,故意的成立以违法性意识的现实存在为必要,违法性的错误阻却故意,如果对违法性认识错误有过失,则以过失犯罪加以处罚。而违法性过失准故意说考虑到大部分犯罪没有处罚过失的情形,根据严格故意说会产生处罚上的间隙,达不到行政取缔的目的,因此认为当行为人因过失而欠缺违法性认识时,可以与故意犯同样地处罚②。

普遍认为,植根于责任主义的违法性认识必要说,不能理所当然地驳倒立足于刑事政策的违法性认识不要说。否则,缺乏文化水平的法盲、规范意识模糊的常习犯、一时义愤的激情犯、错把犯罪行为当作合法行为的确信犯都可以逃脱刑法的制裁。且在许多场合,证明违法性认识存在是困难的,几乎所有犯罪人都会提出自己没有违法性认识,因而就不能作为犯

---

① 冯军:《刑事责任论》,法律出版社,1996,第211页。
② 陈家林:《外国刑法理论的思潮与流变》,中国人民公安大学出版社,2017,第397-399页。

罪来处罚①。正因如此，在自然犯时代，几乎一边倒地认为成立犯罪无须考虑违法性认识，因为反对动机之形成并不需要认识到行为的违法性，不知法的杀人者和盗窃者无罪，显然是不可思议的。必要说和不要说的争议是在法定犯不断增加的语境中凸显的，正如有学者认为："大幅高频的法定犯立法，加剧了'不知法者不免责'的传统观念与责任主义的冲突。但是，刑法日益繁重的规制任务，又不允许追求'不知法者不为罪'的理想图景。"②

2. 违法性认识区别说和违法性认识可能性说

随着不要说和必要说两派观点的融合和妥协，出现了自然犯、法定犯区别说和违法性认识可能性说。区别说认为自然犯之故意不以具备违法性认识为必要，而法定犯则以该认识为必要③。事实上，从司法案例来看，违法性认识错误的抗辩理由几乎只在法定犯中被提及，不要说和必要说的争议也是在法定犯时代才被凸显，自然犯、法定犯区别说的价值只在于清晰地指出了对于自然犯不需要考虑违法性认识，而这早已形成共识。

违法性认识可能性说分为限制故意说和责任说。限制故意说认为故意的成立不要求现实的违法性认识，但要求违法性认识可能性，如果没有该可能性就阻却故意④。责任说将违法性认识可能性理解为故意犯和过失犯共同的责任要素，没有违法性认识可能性则阻却责任⑤。一来，可能性说违法性认识否定了不要说完全不考虑违法性认识的缺陷，缓和了与责任主义的冲突；二来，违法性认识可能性的认定更具有客观性，不会导致打击犯罪的松弛从而影响刑事治理效果，顾全了刑事政策。从这个意义上看，可能性说确实起到了一定的融合和折中作用。不过，违法性认识和违法性认识可能性是两个不同的概念，就违法性认识的角度看来，可能性说实际上是违法性认识不要说，没有考虑违法性认识对于定罪量刑的影响。

---

① 田宏杰：《违法性认识研究》，中国政法大学出版社，1998，第29页。
② 车浩：《法定犯时代的违法性认识错误》，《清华法学》2015年第9期。
③ 陈子平：《刑法总论》，中国人民大学出版社，2009，第239页。
④ 张明楷：《刑法学》，法律出版社，2016，第320页。
⑤ 山口厚：《刑法总论》，付立庆 中译，中国人民大学出版社，2018，第264页。

以上内容基本呈现了学说诸相，即违法性认识不要说、违法性认识必要说（严格故意说、违法性过失准故意说）、违法性认识可能性说（限制故意说、责任说）。这事实上也印证了立场选择与体系地位之间的先后关系，例如，违法性认识必要说的体系结论必然是故意说，不言自明，既然过失犯也是刑事责任的形态之一，那么就不可能将现实的违法性认识作为肯定责任的必备要素。又如，违法性认识可能性说虽然有故意说和责任说之分野，但是限制故意说将"可能性"这种过失的要素加入故意当中，这一点是有明显问题的，即认为违法性一方面不可能被行为人所认识，一方面又只能阻却故意（即有过失）的观点，显然存在悖论，因此这一体系定位观点业已式微。由此，即便认可违法性认识或违法性认识可能性在犯罪论体系中的地位，也至多分别在故意和责任中寻求归宿（即不可能在责任论中为违法性认识寻求归宿，也不必在故意论中为违法性认识可能性寻求定位），任何交叉或者混淆的探讨都是冗余的，但是以往的学术研究往往乐此不疲，不得不说是一种研究弊相。

（二）违法性认识的立场地位之新见：缓和的区别说

1. 宏观上坚持缓和的违法性认识区别说

实证结论显示，违法性认识的真实争议案件只会体现在法定犯中，且违法性认识的理论价值也在立法行政化现象大量涌现的背景中凸显。企图构建一套及于自然犯和法定犯的违法性认识理论，除了获得观念上的自洽性和满足感之外，不仅不会有任何价值，反而还会凸显刑法规制和责任主义的冲突，使得理论认同进程艰难缓慢，毕竟谁也不愿意承认"杀人犯"（典型的自然犯）有任何逃避处罚的理由。从理论现状上讲，区分自然犯和法定犯的基本思路能够获得基本认同，否认违法性认识区别说的学者，要么是否认违法性认识必要说而采取不要说或可能性说，要么认为将违法性认识的判断建立在"自然犯、法定犯"这一模糊的术语上并不妥当[①]。对于采取不要说或者可能性说的学者而言，他们显然不反对不考虑自然犯

[①] 陈金林：《法定犯与行政犯的源流、体系地位与行刑界分》，《中国刑事法杂志》2018年第5期。

的违法性认识,只不过基于采取其他立场而否定了此说;而对于后一批判,则是因为只注意到了自然犯和法定犯区分标准事实上的多样性,并没有聚焦于违法性认识问题来确定合理的标准。正如有学者所言:"刑法理论未必只能以一个标准区分自然犯与法定犯。换言之,我们完全可以在不同的场合根据不同的需要以不同的标准来区分二者。"① 不可否认,即便如此,也不可能有完全明确的界分观点,如果有,反而不可信,因为绝对的观点往往是以牺牲个案合理性为前提的。笔者认为,以能否容易地认识法益侵害性为标尺,即可起到较好的裁判指引作用,例如杀人、抢劫、强奸、毒品犯罪等显然能容易地认识到法益侵害性。况且,不考虑模糊地带,区别说也能缓和理论争议、提高判断效率。

进一步讲,如果只是从量刑角度来考虑违法性认识,这一标准的精确必要性就更会有所下降,无须大费周章地精密划分。前述研究结论认为,无论是裁判实然结果还是辩护理由的期待,违法性认识错误(不包含不可避免的情形),只能发挥影响量刑的作用,对犯罪成立没有影响。可见,违法性认识必要说和传统的法定犯自然犯区别说没有实践土壤,继续鼓吹需要说不适于我国国情,从量刑角度来进行违法性认识之理论构建,更具有现实意义。所以从犯罪论体系上看,违法性认识不存在体系地位问题,区别法定犯和自然犯之意义在于明确:在自然犯场合,不必考虑违法性认识的问题(既不考虑定罪也无须考虑量刑)。质言之,笔者认为,对违法性认识争议问题的研究,应当限于法定犯范畴。

2. 微观上坚持缓和的法定犯违法性认识可能性说

"违法性认识可能性应作为犯罪成立之要素"这一观点,既符合理论共识(即便是违法性认识必要论者,也当然地认可缺乏违法性认识性不成立犯罪)又能迎合实践认知。在采纳违法性认识可能性说的立场之后,究竟是坚持故意说的立场还是责任说的立场呢?

其实倘若从犯罪成立角度来看,自然就应当采取责任说,因为限制故

---

① 张明楷:《自然犯与法定犯一体化立法体例下的实质解释》,《法商研究》2013年第4期。

意说并没有否认过失犯罪的成立空间。换言之，此时违法性认识可能性发挥的不一定是阻却犯罪的机能。况且前已述及，限制故意说并不合理。不过，有学者认为责任是建立在德日刑法理论之上的，在德日犯罪论体系中才有生存和发展的土壤，在我国四要件的犯罪论体系里，还没有正式为"责任"这一概念提供合适的生存空间。因此，在我国现在的刑法体系中讨论违法性认识可能性是否属于责任要素，没有多大的现实意义①。笔者认为，仅从四要件的角度来否认责任说的价值，无异于否认了晚近二十余年来我国刑法学基于阶层论平台的研究和对司法实践的重要影响，况且，这一基于四要件在我国司法实践中不可动摇的假设也并不真实。

事实上，在我国司法实践中，责任说更具有实践接受性。在筛选出的 19 个涉及违法性认识可能性的案例中，表露出体系观点的有且只有两个案例，但均为责任说的体现。

第一，王涛、孙成伟诈骗案②。法官认为："成立犯罪不要求行为人认识到行为的违法性，行为人有违法性认识的可能性就具备了责任要素，同时其对实施该行为是否构罪的违法性认识错误也不阻碍其犯罪构成。"

第二，何继州等滥伐林木案③。法官认为："一般而言，行为人违法性认识错误不可避免的，行为人没有责任，对其行为不能以犯罪论处；行为人违法性认识错误可以避免的或者行为人没有思考行为的违法性的，行为人有责任，但非难可能性有所减少，应当或者可以从轻处罚。判断被告人何继州是否有责任以及责任的大小关键是判断被告人何继州的违法性认识错误是否可以避免以及避免的难易程度。本案中，被告人何继州从事买树砍伐生意多年，亦知道砍伐树木需要办理采伐许可证，在砍伐树木之前其与被告人王新站约定，如果其被林业派出所带走了，王新站付其一千元一天，故其有能力，也认识到无证采伐杨树行为的违法性；村委会是村民自

---

① 戴小强：《违法性认识可能性在我国刑法语境下之提倡》，《江西警察学院学报》2018 年第 3 期。
② 河南省商丘市梁园区人民法院刑事判决书，（2019）豫 1402 刑初 623 号
③ 江苏省宿迁市宿城区人民法院刑事判决书，（2019）苏 1302 刑初 751 号。

我管理、自我教育、自我服务的基层群众性自治组织,不能代表林业行政主管部门,故村委会口头承诺承担责任,既不是采伐行政许可行为也不是形式合法的其他行政行为,不能发生行政行为的效力,不能适用信赖保护原则。被告人的违法性认识错误并非不可避免,其有责任,但根据本案的实际情况,可以酌情从轻处罚。"

从上述案例来看,违法性认识可能性被理解为责任要素,足以说明"责任"理念并非不能融入我国司法实务。况且,在缺乏违法性认识可能性的情况下,如果只是阻却故意,就不得不说明为什么不成立过失,这显然是阻碍实践运用的。目前,责任说也已经逐步成为通说观点,从这个意义上讲,也没有另辟蹊径的必要。

综上所述:其一,自然犯不讨论违法性认识和违法性认识可能性的问题,二者在此类犯罪中没有任何体系地位可言;其二,就刑法体系而言,违法性认识属于刑罚论,违法性认识可能性属于犯罪论;其三,就犯罪论(也是以往探讨违法性认识体系地位的平台)而言,违法性认识没有体系地位,其不能作为犯罪成立的要素,而违法性认识可能性属于独立于故意和过失的责任要素。

四、违法性认识争议案件的判断

就判断顺序而言,违法性认识可能性是责任要素,违法性认识则是影响量刑的酌定情节。先判断违法性认识可能性,再判断违法性认识,符合定罪到量刑的逻辑顺序。

关于违法性认识可能性的判断方法和标准,理论上有三种观点:

其一,"区别判断说"。根据违法性认识错误产生的原因,可以分为因不知法律而产生的违法性错误与误解法律而产生的违法性错误。对于这两类违法性错误,判断其认识可能性的标准也不同:在不知法律时,要考虑行为人的身份,考虑是否对自己行为的合法性产生怀疑以及是否认识到其行为具有法益侵害性;在误解法律时,要考虑行为人是基于对非官方个人意见的信赖,还是对官方意见的信赖,或是否基于后来被确认为无效的法规或错误判决的信赖①。该说有一定的可行性,通过区别违法性认识错误产生的原因,分成两类,并给予了判断标准,在一定程度上可以适用于裁判。但是,实际上这两类判断是难以分开的。譬如,在不知法的情况下,通过考察行为人是否对行为产生合法性怀疑等标准,并不能当然得出有无违法性认识的结论,还要进一步考察行为人是否询问国家机关、是否依赖了有权解释等,又会回到属于误解法律的考察标准中去。

其二,"相当理由说"。行为人认为自己的行为不违法有相当理由时则没有违法性认识可能性。例如:行为人依据政府机关的规范性文件、法院的判决做出的合理判断;根据政府的行政指导、国家机关工作人员的答复所产生的信赖;外国人进入中国时间过短,没有条件了解相关法律;地理位置极其偏僻或者由于自然灾害,相关信息不能进入等。该说给出了一些直观明确的判断标准,似乎可以直接适用,但是实际上,司法实践中最难确定的就是"相当理由"的成立。虽然现在因为司法解释、机关答复而误解法律等极少数情形可以作为"相当理由"已成为普遍共识,但是大多数情形则未能形成共识。例如,信赖专家、律师意见是否可以作为"相当理由"就存在"可以、不可以、视情况"的分歧。可见,学术上给"相当理由说"留下了丰富的讨论空间,但是学者列举的情形只是个人见解,不能代替司法实践中的具体认定。

其三,"契机说"。有学者认为,在认定行为人的违法性是否可以避免时要考虑两个条件。第一,行为人是否有机会对其行为之违法性产生怀疑。如果行为人根本没有机会对其行为是否合法产生合理怀疑,该错误自然为不可避免。有机会的情形如:行为人通过自己或通过他人的提示或通过大众媒体对其行为产生存在疑虑时;行为人是特定行业领域的专业人员时;行为人知道自己的行为会对他人造成损害时。第二,行为人是否利用其机会,为行为违法性之查询做了充分的努力。如果行为人虽然有"机

---

① 于洪伟:《违法性认识理论研究》,中国人民公安大学出版社,2007,第156-162页。

会",但是例如得到了权威机关的认可或者阅读法律文书仍然产生了违法性认识错误,则认为该错误不可避免①。一言以蔽之,"契机说"认为没有"契机"则没有违法性认识可能性;有"契机"但为审查违法性做了足够努力仍没有避免违法性认识错误的,也没有违法性认识可能性。

实际上,"区别判断说"中不知法律时的认定标准,实则契机;误解法律时的判断标准,实则有契机之后所做的努力。而"相当理由说"的理由,实际上一部分是没有契机,所以无违法性认识的理由;一部分是有契机但是通过努力查询行为合法性后,违法性认识错误不可避免的理由。可见,三类观点没有矛盾性差异。从司法现状来看,"契机说"与当前司法实践的认知也是契合的,可以改造成为适合审判实践的标准和方法。

例如,牛春杏危险驾驶案②。该案法官认为"鉴于目前法律未对超标电动自行车的属性做出明确规定,有关部门又未对其按照机动车进行管理,行为人牛春杏不具有危险驾驶机动车的违法性认识可能性。"

又如,李某、姜某非法采矿案③。该案法官认为"被告人李某在开采砂矿前,曾得到满洲里市合作区国土资源局工作人员的口头许可,且2017年以前满洲里市砂场采矿存在与国土部门签订采矿权出让合同和矿山环境治理责任书后,受让人即可进行开采的事实,被告人李某在行为时自身没有认识到自己行为的违法性,其存在违法性认识错误。但是被告人李某具有违法性认识的可能性,应当承担2017年非法采矿的刑事责任,其原因为:一方面,采矿行业属于国家特别规制领域,被告人李某在法律特别规制领域从事活动时,应当努力搜集并知悉了解采矿行业领域相关法律信息,其在当前信息发达、科技搜索手段如此方便化的时代,并未努力搜集相关法律信息,其违法性的错误系可以避免的错误,行为人的行为具备有责性,其具有违法性认识的可能性。另一方面,合作区国土资源局工作人员的口头答复仅能代表该工作人员对该事项的个人见解,不能代表主管机

---

① 李涛:《违法性认识的中国语境展开》,法律出版社,2016,第177-179页。
② 安徽省亳州市中级人民法院刑事判决书,(2019)皖16刑终532号。
③ 内蒙古自治区呼伦贝尔市中级人民法院刑事裁定书,(2020)内07刑终118号。

关的意见，口头答复也不属于主管机关的正式答复……但对其非难可能性可以减少，可以在量刑时从轻予以考量。"

在上述危险驾驶案中，法官认为由于超标电动车属性不明且行政机关也没有有效管理，行为人缺乏认识到其性质的契机，因此没有违法性认识可能性。在上述非法采矿案中，法官认为采矿行业属于国家特别规制领域，被告人在法律特别规制领域从事活动即具有违法性认识契机，因此，应当努力收集并知悉了解采矿行业领域相关法律信息。显然，这两则案例切合"契机说"的观点。

"契机说"将违法性认识可能性的判断分为递进的两个阶段，即判断是否存在认识契机，以及存在认识契机的情况下是否认真履行了合法性查询义务。理论上，违法性认识契机大致可以分为三类：第一，对行为的性质产生合法性疑问的；第二，是特定行业的专业人员；第三，行为直接侵犯个人和社会的基本法益。这基本囊括了实践当中出现的认识契机，因此，对"契机"之判定不必进行理论重构。亟待理论回应的是合法性查询义务的履行标准。当有违法性认识契机时，行为人就被赋予了合法性考察义务，这一义务的履行标准决定着违法性认识可能性的判断标准，从司法实践来看，这一标准显然过于严苛。譬如，在前述案例四中，行为人采矿前得到了有权机关的口头答复，但法院认为口头答复不是正式答复，不能认为行为人没有违法性认识可能性。

笔者认为，应当给行为人的合法性查询义务设定具体标准和边界，当行为人"真诚查询合法性"或"合理理解有关规范"后，即可认为合理履行了合法性查询义务。"真诚查询合法性"的可能情况例如：普通农民询问村干部、行政相对人获得行政机关的口头答复、一般人咨询了律师或者有法律专门知识的人等。对于是否真诚，应当充分考虑"责任是个人的"这一理念，不能用过高标准或者相同标准去要求不同的人。此外，如果要求任何人都需要以"询问"方式来履行合法性查询义务也是不合理的，因为行为人可能并没有去询问有权机关，而是通过自己理解相关判例、法律法规而误认为行为不违法。对于这样的情形，司法实践或者理论一般认为行为人可以查阅更多的判例或者法律法规来避免错误，抑或是得到有权答复来避免违法性认识错误。但是，刑法应当具有明确性，司法判例也应当准确，这是罪刑法定原则的应有之义。如行为人通过阅读相关判例或者法律法规当然地产生了认识错误，或者说根据一般的、合理的解释，确实容易产生认识错误，那么这样的违法性认识错误对于一般人来说也是不可避免的，我们不能先用判例或者法律法规去误导行为人，再用其去处罚行为人。除了判例、法律法规之外，还包括规范性文件、权威公告、权威媒体发布的新闻等其他有公信力的文字表现形式。

关于违法性认识之判断，如前所述其认识对象是可罚的刑法规范，但是倘若要求行为人具体地认识到法律上的构成要件和法定刑，那么必然导致这一量刑事由存在滥用风险。事实上，这一担心是多余的，违法性认识错误作为非法定的酌定量刑情节，必然只可能在其足够真诚和合理的条件下发挥作用。需要重视的是，既然不必在犯罪论体系中探讨违法性认识的作用，就应当彻底革除不考虑违法性认识的传统思维。对于违法性认识的判断，应注重结合量刑的机能来考察，从是否真诚、是否合理、是否影响期待可能性、是否有更轻的主观恶性等角度综合分析其影响。我国1979年《刑法》草案第22稿中规定的"对于不知法律而犯罪的，不能免除刑事责任，但是根据情节，可以从轻或者减轻处罚"也印证了这一立场，违法性认识对刑事责任之影响并非是必然的，而应当综合考虑情节。

违法性认识在理论层面已经有了较为深入的探讨，在司法实践中的运用也逐渐增多。违法性认识对于促进个案公平，推动司法正义，回应常识、常理、常情有重要的作用，因此对其思考不能只停留于理论纷争，也应为司法实践提供合适的理论选择和实现机制。当前司法实践应当避免机械司法和法条主义，树立"依法入罪、以理出罪"的观念，认识到违法性认识及其可能性对定罪量刑的影响，从而推动刑事治理能力和体系的现代化。在犯罪论体系内，判断违法性认识可能性从而实现出入罪的机能；在刑罚论体系内，判断违法性认识从而实现影响量刑的机能。

第二节 期待可能性的体系定位和司法适用判断

期待可能性的体系定位是期待可能性理论本土化的核心的问题，期待可能性的判断标准则是期待可能性理论引本土化的关键问题。期待可能性以何种地位置于我国刑法体系最为合理，以及期待可能性有无和程度的判断，在刑法学界存在不同的观点。本书立足于厘清期待可能性的体系定位和判断标准的问题，为本土化路径研究提供基础。

一、期待可能性在我国刑法理论体系中的定位

要引入期待可能性理论，首先必须解决的是其在刑法理论体系中地位问题。期待可能性在刑法理论体系上究竟处于何等地位，也就是说期待可能性与其他责任要素、责任能力、故意过失的关系如何？至今众说纷纭、见解不一，并且成为德、日学者争论的焦点，即其在故意及过失之中是否包含期待可能，期待可能是否在故意过失之外，是否可以与之并列成为第三责任要素？

（一）期待可能性理论体系定位争论述评

关于期待可能性在我国刑法理论体系中的定位，详细展开来看，主要存在以下观点：

1. 责任能力要素说

责任能力要素说认为期待可能性是刑事责任能力的一个构成要素，而不是和责任能力、故意和过失并列的第三要素。理由如下：其一，刑事责任能力是行为人对其行为的性质、意义、作用和后果有正确认识，能选择其行为方向，从而对其行为承担责任的能力，包括辨认能力、控制能力；

其二，意志自由决定于个人的智力、精神状态等内部的自身因素，也决定于外部的客观环境是否有自由的选择的可能。当行为人可以选择适法行为或非法行为时，如果选择适法行为，行为人自身的利益就要遭受重大损害，在个人利益与社会或他人的利益发生冲突的时候，可能削弱行为人的意志自由，其期待可能性减弱；如果个人利益与社会或他人利益悬殊，选择保全他人或者社会的利益会使行为人丧失根本利益，行为人便完全丧失意志自由，其期待可能性丧失，这就导致刑事责任能力减弱或丧失。责任能力要素说存在错误，混淆期待可能性与责任能力二者之间的关系。广义的期待可能性概念以行为的内外部环境为基础，而责任能力只关注内部情况，行为人因内部情况特殊影响期待可能性，进而影响行为人的责任能力，所以，期待可能性是责任能力的前提条件而非构成要素。不可否认，期待可能性与责任能力常交错竞合联系在一起，二者存在密切联系，但行为有无责任能力一般有法律明确规定，期待可能可以解释说明责任力，而不能作为责任能力的要素，这是不妥当的。

2. 罪过要素说

罪过要素说认为，结合我国刑法的理论体系特色，应把期待可能性放置于故意或者过失之中，成为故意或者过失的内容之一。理由如下：其一，与刑法理论适应；其二，把期待可能性置于故意、过失之中可以更好地解释刑法理论的具体问题，期待可能性在作为超法规的责任阻却事由时不容易被接受，勉强为之会让期待可能性作为超法规的犯罪阻却事由受到批判[①]。另外，罪过要素说是将期待可能性作为故意、过失的积极要素，对于每一起案件，公诉机关都必须对期待可能性问题进行举证，这是不符合司法现实的。

3. 修正的罪过要素说

修正的罪过要素说对罪过要素进行了修正。修正的罪过要素说存在矛盾：其一，把期待可能性当作罪过评价的例外的、消极的要素，与期待可能性的实质不相符合；其二，罪过含义不明确，试图把犯罪主体和犯罪主

[①] 童德华：《刑法中的期待可能性论》，中国政法大学出版社，2004，第205页。

观方面合二为一,可最终仍然停留在现有的理论构造上①。笔者认为修正的罪过要素说具有一定合理性。一是批评者认为该说使刑法中罪过含义不明确,传统理论是心理事实和规范评价的统一;二是该说将期待可能性作为罪过的评价要素、前提要素、消极要素,即在一般情况下存在故意、过失可认定行为人有罪过,此时,期待可能性作为评价要素、前提要素而发挥作用;在特殊情况下,如缺乏期待可能性则否定罪过的成立,期待可能性作为消极要素发挥作用。但是,仅仅把期待可能性做如此定位,还不能充分发挥期待可能性的机能。

4. 三要素说

三要素说又称为责任第三要素说②。德国学者弗兰克(Viktor Frank)、日本学者大塚仁、西原春夫等持此说,将期待可能性视为独立于故意、过失之外的第三种归责要素。故意、过失是主观的归责要素,而期待可能性是一种客观的归责要素,责任的成立除具有责任能力外,还须具备心理责任要素和规范责任要素即期待可能性,三者同时兼备,行为人才具有责性。三要素说认为期待可能性与故意、过失不同,虽然是对行为人主观选择的期待,但是它不是行为人主观的心理的内容本身,而是从法律规范的角度对处于具体情况下的行为人的主观选择的评价。三要素说以大陆法系的刑法理论为基础,而我国刑法理论与大陆法系刑法理论存在差异,三要素说不符合我国刑法理论的现实需要,不可取。

5. 综合状态说

综合状态说认为,期待可能性并不是心理要素,而是可以期待行为人选择适法行为的综合状态③,该说存在逻辑的矛盾④。综合状态说认为,传统的观点都只将期待可能性作为一个心理要素来理解,这是错误的。期待可能性是能期待行为人选择做出合法行为的综合条件,这种综合条件由行

---

① 童德华:《刑法中的期待可能性论》,中国政法大学出版社,2004,第208页。
② 冯军:《刑事责任论》,法律出版社,1996,第252页。
③ 欧锦雄:《期待可能性理论的继承与批判》,《法律科学》2000年第5期。
④ 童德华:《刑法中的期待可能性论》,中国政法大学出版社,2004,第211页。

为人行为时的责任能力、心理等各种状态组成，因此，期待可能性不能作为犯罪客观构成要件要素，也不能作为犯罪主体的责任能力构成要素，应该属于综合评价意志自由有无的法哲学领域。

理由如下：其一，期待可能性用于评价意志自由，解决行为人承担刑事责任的最基本的主观基础问题，没有意志自由说明其没有主观恶性或恶性较小，反之则具有一定的主观恶性。如果行为人仍然选择了违法行为，就说明他有意志自由，具备责任；反之就不具备责任。其二，期待可能性可在解释犯罪主体责任能力问题中适用，因为犯罪主体的责任能力问题涉及主观恶性、意志自由问题，所以未达法定责任年龄、无责任能力、相对责任能力的行为人都可以用期待可能性来加以说明。其三，期待可能性在犯罪构成中主要用来阐述是否存在犯罪主观要件中的罪过。因为期待可能性与罪过有密切关系，有期待可能性则有罪过，有罪过则有期待可能性；无期待可能性则危害无罪过；无罪过则无期待可能性。

综合状态说存在逻辑的矛盾：其一，认为期待可能性是法哲学领域的命题，专门用于评价意志自由有无的观点不符合其与刑法和法哲学的关系。虽然法哲学中同样存在期待可能性，但刑法中的期待可能性是相对下位的概念，是为了刑法实践的需要，如果用下位概念说明上位问题难免以偏概全。其二，意志自由并不是刑法需要评价的问题，尽管期待可能性揭示了意志自由是否存在或是否受到制约，但期待可能性作为规范意义上的意志自由形式，是用以说明行为人是否有选择的权力的，进而表明行为人是否应当对自己的行为承担责任。所以，认为期待可能性的价值在于说明或揭示意志自由属于反客为主，从根本上背离了期待可能的实践目标。其三，既然期待可能与罪过有唇亡齿寒的关系，那么它们之间有什么联系论者未交代清楚。而且依一般理论，不能因为否定期待可能而否定故意或过失，即论者的推论无法立足。

6. 业已体现说

业已体现说认为，我国刑法中早已完全体现出了期待可能性思想[1]。

---

[1] 李立众、刘代华：《期待可能性理论研究》，《中外法学》1999年第1期。

根据我国刑法罪过理论①，我国的犯罪构成理论四要件模式是平面式的，四个要件缺一不可，一损俱损。只有行为同时符合四个要件时，故意和过失才能被称为罪过，才具有规范内容。所以，故意和过失本身不具备规范内容，其规范内容来自其他三要件，并且规范内容也仅仅是对故意和过失的社会谴责和否定评价，并不包含也未体现期待可能性思想。

7. 阻却事由说

阻却事由说认为，大陆法系犯罪成立理论是一种形式理性，递进转型为实体的理性②。应该说阻却事由说是有其合理性的，它看到了形式理论与实体理论的交锋，但是其在运用上需要改造我国的犯罪构成体系，这就有点不切实际。笔者认为，大陆法系递进式、英美法系双层式的犯罪构成体系固然有其优点，但也并非尽善尽美，而我国的平面式犯罪构成体系虽存在缺陷，但也未到必须予以重构、难以维持的境地。虽然理论上对我国平面式犯罪构成的批判很多，但也仅仅是理论上的探讨。在司法实践中，该体系却是司法人员审判案件的平台，仍然在较好地运行着。因此，在没有重构我国犯罪构成体系的必要性、紧迫性的前提下，主张变革犯罪构成理论，引入期待可能性思想是不符合我国国情的。

8. 犯罪概念要素说

犯罪概念要素说认为，可以把期待可能性纳入我国的犯罪概念，相应地在我国《刑法》第13条增加期待可能性，有利于发挥期待可能性的出罪机能，但却使期待可能性不能影响刑事责任大小，因此不可取。

9. 责任范畴说

责任范畴说主张发挥期待可能性阻却责任和阻却责任程度的双重机能是可取的，但将期待可能性定位于刑事责任之中，似乎并不能发挥期待可能性阻却责任的机能，因为只有行为构成犯罪才有刑事责任可言，无犯罪则无刑事责任，从这个角度来看，只有将期待可能性定位于犯罪论中才能发挥其阻却责任的机能。当然，将期待可能性定位于刑事责任中，是可以

---

① 马克昌：《犯罪通论》，武汉大学出版社，1999，第314-316页。
② 刘远：《期待可能性理论的认识论反思》，《法学评论》2004年第2期。

发挥其调节责任程度机能的①。另外,对于"在确认责任阶段,主要考虑法律规定的不具有期待可能的情形"的观点,笔者不是很认同,因为缺乏期待可能的情形,不管是法律规定的,还是超法规的,都可以发挥期待可能性的双重机能。

(二) 期待可能性在我国刑法中的合理定位

上述九种观点,虽然没有一种观点可以完美解决该问题,但这些观点为我们提供了启发和思路。

笔者认为,要对期待可能性进行准确定位,首先必须了解期待可能性的机能。"机能是一个系统,单独或者与其他事物共同具有的功效。刑法的机能在此指的是刑法所要达到的效果,是对规范同一性的保障,对宪法和社会的保障理论。"② 期待可能性的机能应体现为判断某一行为是否应承担刑法对其非难、承担什么样的刑法非难的作用,即期待可能性成为衡量刑事责任的有无及大小的一个规格和标准③。因此,期待可能性的定位必须能充分发挥其衡量刑事责任有无和大小的机能。笔者设想,根据修正的罪过要素说的观点,可以将期待可能评价为罪过的评价因素,同时也是前提因素、消极因素定位于犯罪论中,以发挥其衡量刑事责任有无之机能;根据责任范畴论将期待可能性定位于刑事责任中,以发挥其衡量刑事责任大小之机能。即将期待可能性做双重定位,使其机能充分发挥④。做这样的体系定位有两个好处:一是能最大限度发挥我国刑法理论体系的作用。大陆法系的理论体系主要包括犯罪论和刑罚论,犯罪论体系由构成要件符合性、违法性、有责性三个层次构成,期待可能性是有责性的要素,对责任进行评价时,只能在有责性中对责任的有无及大小进行一并讨论,刑罚

---

① 林亚刚:《犯罪过失研究》,武汉大学出版社,2000,第212-213页。
② 格吕恩特·雅科布斯:《行为、责任、刑法》,冯军 中译,中国政法大学出版社,1997,第101页。
③ 徐岱:《期待可能性的机能:扩张或紧缩》,《吉林大学社会科学学报》2002年第6期。
④ 如无特别说明,本节讨论的都是因缺乏期待可能性或期待可能性较弱而影响责任的有无及小的规范的、超法规的阻却责任事由和影响责任程度事由。

论的功能没有得到发挥。而根据我国的刑法理论体系，可以分别从不同方面在犯罪论和刑事责任论中对待期待可能性进行考量，使理论体系的作用得以最大限度发挥。二是能充分发挥期待可能性的机能。正如以上所述，大陆法系中的责任有无及大小是放在有责性中一并加以讨论的，这样势必影响期待可能性机能的全面发挥。而在我国刑法理论体系中，则可以做到对期待可能性的机能进行分别考量，即在犯罪论中确定责任之有无，发挥期待可能性阻却责任的机能；在刑事责任论中确定责任之大小，发挥期待可能性影响责任程度之机能。

1. 宏观层面看，期待可能性理论与犯罪论体系的演变

对于如何完善我国的犯罪论体系，我国刑法学学者制订出三种代表性方案，旨在将理论上的体系构想转换为实践中的适用逻辑。其中就包含了对期待可能性体系定位的思考，为引入期待可能性理论及其合理适用奠定体系基础，使其在犯罪论体系中能够有一席之地。

第一种方案认为，犯罪构成是不法与责任的有机整体、法律标志和法律标准，所以，应当采取形式上两阶层、实际上三阶层的体系。这并不是将构成要件符合性与违法性完全一体化，而是在不法层面分别讨论构成要件符合性与违法阻却事由。这是张明楷教授的观点。按照这种观点，期待可能性属于消极的责任要素，但可能难以与目前"四要件体系"对接，不利于司法人员快速掌握和全面推行。

第二种方案认为，即使不使用三阶层的话语系统，也可以建立与其构造相对应的犯罪论体系，即"犯罪客观要件—犯罪主观要件—犯罪排除要件"体系。这不仅暗含了犯罪成立要件和犯罪排除要件两个层次，而且吸收了阶层式判断的方法论优势。这是周光权教授的观点。根据这种见解，期待可能性属于犯罪排除要件中的责任排除要件，不仅没有全盘照搬"阶层式体系"，反而在保留部分传统术语的同时又改革了"四要件体系"的评价方法，既克服了体系外考察排除犯罪事由的弊端，又增加了实务人员短期接受并熟练运用的可能。

第三种方案认为，针对我国现有犯罪构成体系的不足，可以进行一些

温和的改良，建立两层次的递进式体系，即将责任能力、故意、过失、错误、期待可能性等归入主观要件，将客体、实行行为、危害结果、因果关系、排除社会危害性事由等归入客观要件。这是黎宏教授的观点。按照这种主张，期待可能性也是一种犯罪构成主观要件。尽管这种方案维持了通说的基本观念，但更多的是在进行技术性修补而非功能性改造，仍未区分犯罪成立判断和阻却事由判断的层次关系，难以根本改变当前体系的适用缺陷。

比较上述三种方案，笔者更加倾向于第二种，因为它使用我国实务人员较为熟悉的、简化了的"阶层论体系"，有利于降低改革成本，并且兼顾了体系的逻辑性和实用性，贯通了体系的思考和问题的思考。尤其是可以在犯罪论体系内部与犯罪成立的客观要件和主观要件相对应的意义上讨论正当防卫等违法排除事由和期待可能性等责任排除事由。这就依次检验了通常的犯罪事实状态、可能出现的外在特殊情况、行为人个人的特殊情况，既符合思维规律，也契合司法实践。

2. 微观层面看，期待可能性理论与责任论的发展

尽管我国《刑法》第16条关于不可抗力的规定、第20条第2款关于防卫过当的规定、第21条第2款关于避险过当的规定以及第305条关于伪证罪的规定等都体现了期待可能性思想，司法实践中直接运用期待可能性法理免责的判决较为罕见。但我国至少已在某种程度上承认了期待可能性对于责任认定的规范价值。而且，三阶层中的责任要件就是出于刑罚目的。对行为人进行非难，就是为了促使行为人与其他人发动规范意识，不实施符合构成要件的违法行为。因此，应当采取规范责任论。在规范责任论中，期待可能性是不可或缺的责任要素，其功能定位、类型划分对归责范围、程度具有决定作用。陈兴良教授将期待可能性定位为一般性罪责排除事由，认为它是罪责排除事由的具体表述，只在刑法总则中加以讨论。这种罪责排除事由的证明责任由辩方承担，可以实现思想上的经济性和诉讼上的便利性。而刘艳红教授的观点是，期待可能性不应该作为一般性的罪责判断指标，只宜作刑法原则，起调节作用，作为刑罚恕免事由，用于损

害生命法益的紧急避险案。张小虎教授则就我国社会现实与法治状况等进行讨论，认为应当将期待可能性的阻却事由限定在法定或有权解释的范围内。

以上三说均赞成期待可能性在犯罪主观方面占有一席之地，其作为罪责阻却事由发挥出罪功能。这表明，由于某些缺乏期待可能性的情形已被法定化，部分缺乏期待可能性的情形在作为义务（作为可能性）、注意义务（结果预见可能性和结果回避可能性）、违法性认识的判断中也被具体化，所以，无期待可能性只能阻却少数作为犯罪中的故意罪过，也只有这种狭义理解的期待可能性，才可以当作超法规的责任阻却事由。

但同时，也要注重机能责任论（或者说功能责任论）的发展。这种责任论主张，处罚并不仅仅取决于罪责，而且同样取决于预防的需要。其通过罪责概念和预防必要性的双重限制，它提高了罪过认定的门槛，在反映刑事政策和刑法的目的性考量的同时，扩展了责任阻却事由体系。出于对刑法预防性转向的重视以及侵犯超个人法益犯罪扩张性处罚的警惕，已经有学者主张引进机能责任论。例如，车浩教授在最近发表的关于探讨新型冠状病毒感染疫情防控过程中刑法如何应对的论文中就指出，如果行为人抗拒防疫措施，造成传播后果，则既符合妨害传染病防治罪的不法，又具备罪责。但是除此情况之外，还要思考对于这种既非确诊也非疑似病例、仅有瞒报自己身份或经历这一情节的行为人进行刑罚惩罚之后的预防效果。如果行为人因为逃避歧视和恐惧隔离而瞒报信息，就完全没有特殊预防必要性，可以减轻甚至免除责任①。不过，这并非意味着机能责任论能够完全取代规范责任论，因为责任的本质在于谴责违法行为的动机，属于回顾的范畴，重在伦理评价，预防犯罪的本质在于有效避免同样的犯罪行为将来再次发生，追求功利上的预防效果，属于带有展望性的范畴。这是两个不同的范畴。为了防止预防性考虑凌驾于传统罪责之上，充其量只能有限度地引进机能责任论，对于罪行严重的行为人，不能直接根据预防目

---

① 车浩：《刑事政策的精准化：通过犯罪学抵达刑法适用——以疫期犯罪的刑法应对为中心》，《法学》2020年第3期。

的来决定是否构成犯罪，对于已做期待可能性判断的行为人，也不应再根据同样的资料进行预防必要性大小的重复判断。例如，当行为人因为逃避歧视和恐惧隔离而瞒报信息时，可以认为无期待可能性，此时没有特殊预防必要性，而只是无期待可能性的反射效果或反向验证。但是，当行为人确实出于生活所迫而滥伐林木时，可以认为无期待可能性，但事后通过积极补种而修复环境的，可以进一步认为缺乏特殊预防必要性。经过上述两个步骤的评价，应判定为对其无须进行主观归责。如此一来，也许可以处理好规范责任论和机能责任论、罪行轻重和犯罪预防之间的关系。

3. 期待可能性在我国犯罪构成中如何定位

如果将期待可能性在我国刑事司法实践中加以应用，首先面临的就是犯罪构成体系的差异。期待可能性在我国犯罪构成理论中的定位，我国的犯罪构成理论，是将行为的不同部分划分为犯罪构成的不同要件单元，一个行为只要同时符合主体要件、主观要件、客观要件和客体要件就成立犯罪，缺少任何一个要件，犯罪便无存在的余地。而大陆法系犯罪构成理论则将行为整体的不同意义划分为三个要件，即构成要件符合性、违法性和有责性。行为要成立犯罪，必须先符合构成要件，之后如果未发现违法阻却事由，则可推定行为的违法性，最后审查行为人有无责任，如果没有责任阻却事由，就成立犯罪。大陆法系犯罪构成理论中的构成要件符合性指的是犯罪的轮廓，内容是记述的、客观的，相当于我国构成要件理论中的客观要件，而我国刑法中的责任是犯罪的直接后果，我们似乎可以认为期待可能性在我国犯罪构成理论中无对应部分，难以与我国的犯罪构成理论契合，但其实不然。

（1）期待可能性系规范的构成要件要素

犯罪主体要件是刑法规定的行为主体必须具备的条件。行为人构成犯罪，必须达到刑事责任年龄，具有辨认控制自己行为的能力。我国《刑法》规定，未满14周岁的人和精神病人不负刑事责任，是因为在这种情况下行为人缺乏辨认、控制能力，不能期待其选择适法行为。笔者在关于期待可能性的判断标准中提到，因为刑法对行为人的内部事情——年龄、精神状况做了明确规定，只要直接适用即可。刑法对主体内部事情的规定直接运用了期待可能性的理论，二者是形式与内容的关系，即期待可能性以刑法对主体内部事情的规定为表现形式。而这些规定是期待可能性的规范表述，是以期待可能性为内容的。因此，可以说，期待可能性是犯罪主体要件中规范的构成要件要素。

（2）期待可能性是犯罪主观要件中的评价因素和消极因素

可以借鉴修正的罪过要素说的合理成分。期待可能性与故意、过失有着密切联系，有期待可能才有意志自由，有意志自由才能选择行为，才有故意、过失可言。当人的意志能够对行为做出选择时，意志所起到的作用就是行为被谴责或者被鼓励的唯一原因。由此可见，期待可能性是故意、过失的前提，是较故意过失更深层的东西。当行为人缺乏期待可能，则因缺乏前提因素而阻却罪过，行为也就被评价为非犯罪行为。说期待可能是消极因素，是因为一般情况下，只要行为人有故意、过失，就可认定罪过之存在，行为人具有实施合法行为之可能，但如果存在特殊情况，可以证明行为人无实施适法行为之期待可能，则可阻却罪过。但是有一点我们必须注意，在现阶段，期待可能性只是刑法规范背后的理论基础，不能直接进入刑法的评价视野。我们不能直接根据期待可能性来认定犯罪（当然，如果刑法将其规范化则另当别论），只能根据犯罪构成来认定犯罪。在我国刑法中，犯罪构成理论是客观有责和主观违法有机统一的整体，犯罪构成的性质、地位、特点决定了犯罪构成是衡量应否追究行为人刑事责任的法律依据。期待可能性在犯罪论中主要通过两个途径发挥阻却责任的机能：一是适用规范的阻却责任事由排除行为的犯罪性；二是适用超法规的责任阻却事由，通过犯罪构成要件排除行为的犯罪性。

（3）期待可能性在刑事责任论中的量刑要素

刑事责任是犯罪的直接法律后果，有犯罪就必然有刑事责任，责任的大小影响刑罚的轻重。刑事责任与刑罚密切相关，刑事责任的程度受犯罪人的主观恶性和人身危险性、犯罪的客观危害影响。在确定刑事责任时，还必须考虑案件相关的案内外情节，因此，笔者认为也可将期待可能性纳入量刑情节。量刑情节指的是在行为人的行为已经触犯刑法构成犯罪时，法官对犯罪人量刑时应当考虑的、影响其处罚程度的主客观综合情况。根据是否有刑法的明文规定，量刑情节可分为法定量刑情节和酌定量刑情节。期待可能性较小，刑法又有明确规定的事由，如正当防卫、紧急避险，胁迫犯、未成年人犯罪等，可以作为法定量刑情节直接适用。期待可能性较小，刑法没有规定的事由，即超法规的影响责任程度事由，则由裁判者将其作为酌定量刑情节进行考量，充分发挥期待可能性影响责任程度的机能。

在英美法系刑法理论中，双层次犯罪构成虽然没有明确的期待可能性理论，但在其犯罪构成的本体要件之外，责任充足要件中，同样体现了期待可能性理论的精神。也就是说，期待可能性可以作为法定的或超法规的辩护理由，从而成为阻却犯罪构成的责任充足要件。我国传统刑法教义学采取犯罪客体、犯罪客观方面、犯罪主体、犯罪主观方面四要件并列的体系，是一种平面式犯罪构成体系，作为责任阻却事由的期待可能性，确实不太好归位。事实上，已经开始适用于各大法学专业的新时代马克思主义理论研究和建设工程重点教材《刑法学》，已经将期待可能性理论放到桌面上，将具体的体系架构放到无罪过事件中进行阐述，与意外事件、不可抗力并列，成为无罪过事件的三种情形。而无罪过事件是被纳入四要件中的主观方面予以评价，也就是和故意、过失、动机、目的、认识错误等要素进行并列评价，其实与三阶层中的规范责任论具有相近的地位。

二、期待可能性的判断标准

期待可能性的判断标准是期待可能性理论在司法适用中重要的问题，讨论的是以什么为尺度判断行为人是否具有期待可能性。期待可能性理论本土化最关键的是解决以何种标准界定期待可能性的有无以及大小。期待可能性的标准为其适用的基石，也是司法实践中必须要面对的问题。只有解决这一问题，才能发挥期待可能性应有的价值。

在讨论期待可能性引入时，争议最大毫无疑义的是期待可能性的标准。基于不同的标准会得出不同的结论。目前针对期待可能性判断标准上，尚未得出一致的结论。有学者认为："期待可能性作为一种宽容被告人的理论，本身又缺乏明确的判断标准，极易导致刑法的宽容过度泛化，从而破坏刑法的一般预防功能，因而在理论上备受批评，在实务上遭到摒弃。"① 由于该理论在实际上难以操作，所以期待可能性在实践上难以发挥作用。因此，要促进这一理论的发展，就必须立足于现阶段的法体系背景，找寻合适的标准，提升期待可能性的生命活力，增强其引入我国的可操作性。关于期待可能性的判断标准存在争议，占主流地位的主要是以下三种学说：国家标准说、平均人标准说、行为人标准说。最近也有学者提出了类型人标准等新的标准。笔者将对这些判断标准逐一进行介绍分析，并提出自己的观点。

（一）期待可能性标准基本学说争议

1. 国家标准说

左伯千仞、平野龙一、川端博、沃尔夫（Wolf）等学者持此观点。川端博认为："期待可能性并非以个体现实能力为判断标准，而是应通过期待者与被期待者在现实中的紧张关系为关注点，且更须要求意思体现紧张与努力。"② 意思是指期待可能性判断标准应以期待者即国家一方去寻找，因为法规范体现了国家意志，违反了体现国家意志的法规范就应受到刑法非难。左伯千仞指出："在法律世界，必须是现实中支配的具体的国家，给期待可能性判断问题提供终极标准，在超法规的责任阻却原因的判断中，法官应该沿着国家提供的标准中所指明的方向进行判断。"③ 还有学者提出批评："此说是在问法律，何种情况下有期待可能，回答法秩序认为

---

① 庄劲、罗树志：《宽容的底限：期待可能性的消极构成》，《甘肃政法学院学报》2003 年第 5 期。

② 川端博：《刑法总论二十五讲》，余振华 中译，中国政法大学出版社，2003，第 266-277 页。

③ 佐伯千仞：《刑法期待可能性思想》，有斐阁，1985，第 335 页。

可能有期待可能性的场合则有，用问题回答问题，没有提出任何实质的判断标准，如果行为的结果发生在法规范之外就无法承认期待可能性。"① 该说还容易导致国家主义，威胁个人权利，所以从期待者一方寻求期待可能性的判断标准总体上来说是不妥的。

2. 平均人标准说

又称一般人标准说，认为应当立足一般人的立场来判断②。戈德施密特（Goldschmidt）、木村龟二、小野清一郎、西原春夫等学者持此观点③。平均人标准说的理由是：刑法相当于社会的一般人的规范，既不是只针对圣贤人，也不区别勇者和懦夫。该说也受到批判：平均人观念其实缺乏客观性，何为平均人？如何判断平均人？对于这些问题的观点存在较大分歧。张明楷教授认为，平均人在当前复杂的社会环境下，是一个极其模糊、众说纷纭的概念，缺乏客观性，没有一个公认的、统一的、可以量度的标准，所以在这种情况下，把它作为标准显然有害法的安定性。泷川幸辰也对平均人标准进行了批评。同时，此说也没有考虑到对平均人能够期待而对行为人不能期待的情况，这就不符合期待可能理论的本意④。

3. 行为人标准说

被期待者应当是具体的行为人，通过具体的行为人来判断是否存在期待可能性，行为人在行为时若无法期待其实施合法的行为的，则无期待可能。大塚仁、团藤重光、迈耶（M. E. Mayer）等持此观点。大塚仁认为，期待可能性的判断应以行为人为标准⑤。还有学者对行为人标准说进行了高度评价，认为行为人标准说是唯一合理的观点，对具有较高能力者也并非过于严酷，在某些领域，比例平等才是真正的平等，如多劳多得，少劳

---

① 马克昌：《比较刑法原理：外国刑法学总论》，武汉大学出版社，2002，第508页。
② 木村龟二：《刑法学词典》，顾肖荣等 中译，上海翻译出版公司，1991，第191页。
③ 木村龟二：《刑法总论》，有斐阁，1984，第5页。
④ 张明楷：《刑法格言的展开》，法律出版社，2003，第229页。
⑤ 冯军：《刑事责任论》，法律出版社，1996，第246页。

少得①。该说同样受到了批判。

(二) 期待可能性标准新近学说概述

1. 分层的平均人标准说

该标准是由许玉秀教授提出的。她把判断期待可能性的平均人标准称为客观说，行为人标准称为主观说，产生这种主、客观之争是因为在确定行为人的识别能力和控制能力时，会有比较行为人和平均人接受规范能力的必要。而在对行为人和平均人的认知能力进行比较时，必然能区分高于平均人能力、等于平均人能力或者低于平均人能力这三种情形。这三种情形代表着不同程度的认知经验判断，对认知能力高于平均人的行为人，要以同等层级的平均能力进行判断；对于身心、智力有障碍的人，要以较低层级的能力标准进行判断依据。换言之，在各种程度的认知经验当中，各取其平均标准作为判断依据，这只是在不同层级做平均值的判断，并没有所谓的主观说存在②。该说是对平均人标准说的进一步细化，但仅把平均人分为三个层次似乎仍然太粗糙，各层次的平均人标准仍然难以统一把握，有害法之安定性。但该学说为我们找出期待可能性合理的判断标准提供了思路，正如笔者下文所述，考虑行为人所属类型或角色，找出判断标准，似乎更加精准可行。

2. 类型人标准说

"就期待可能性标准而言，宜以法秩序就特定类型人于具体之犯罪情节下所为之期待为判断标准。类型人是指依不同年龄、性别及职业等特征而划分，于从事社会活动之过程中，属同一类型之行为人，法所期待之基准恒维持齐一，然不同类型之人，标准则随特征之差异而作高低之调整。"③根据行为人所属之类型判断期待可能性，既兼顾了行为人自身的特点，又考虑到行为人所属类型之一般特点，可以说该标准是客观、具体且易于操作的。但笔者认为，这里的类型人改为角色人似乎更妥，而且采取

---

① 刘远：《期待可能性理论的认识论反思》，《法学评论》2004年第2期。
② 许玉秀：《当代刑法思潮》，中国民主法制出版社，2005，第438-439页。
③ 童德华：《刑法中的期待可能性论》，中国政法大学出版社，2004，第118页。

某单一标准作为期待可能性的判断标准似乎不够全面。

(三) 建立期待可能性的判断标准

上文列举了期待可能性判断标准的几种学说，各有利弊。笔者认为，若单采用一种标准并不能保证在各种情形下都能准确判断行为人期待可能性的有无及大小。判断行为人是否具有期待可能性是一个多样化且复杂的问题，标准的确立也要经过不断交融和进化的。任何一个单一的标准都有其合理之处和缺陷，无法单一完成司法实践中的判断。在这样一个融合标准之中，每一个标准都应当发挥自身的优势：国家标准保证社会正义；行为人标准致力于个人权利的保障；普通人标准作为判断的基础。由此，对于期待可能性的标准问题，应当这样理解：任何一种标准都不足以支撑该理论，单一论只会成为阻碍期待可能性的发展。期待可能性理论是一种超法规的出罪事由，模糊的标准导致适用操作性低下是理论发展的巨大阻碍。

1. 建立期待可能性判断的标准群

其一，因内部因素影响行为人的期待可能性时，应采用国家标准说。各国都有刑事责任能力方面的规定，如我国《刑法》就规定未满14周岁的人和精神病人犯罪不负刑事责任，已满14周岁、不满16周岁的人只对法律规定的犯罪承担刑事责任。此种情况下，只需直接按法律规定认定期待可能性的大小及有无。

其二，因外部因素影响行为人的期待可能性时，应采角色人或行为人标准说。类型人标准的基础是行为人所属之类型，但类型这个概念并不明确，准确地讲应是行为人所属的角色。"在日常生活中人们都有不同的社会角色，比如以职业划分有教师、公务员、自由职业者等，对不同社会角色的期待要从具体角色出发，准确地说，期待本身也是角色的一部分。"[①] 角色，是在特定场合作为文化构成部分提供给行为者的一组规范，行为者根据文化所规定的剧本进行角色表演。角色不仅是一套权利义务规范，还意味着一种行为模式，角色中的人必须按照社会对该角色的期望行事，否

---

① 格吕恩特·雅科布斯：《行为、责任、刑法》，冯军 中译，中国政法大学出版社，1997，第40页。

则就会被视为不正常。以律师角色为例，律师应尽心尽职地为委托人辩护，维护委托人的合法权益，对知悉的不利于委托人的秘密负有保密义务，这是律师角色的内在要求，也是社会对律师角色的期待。然而，律师同时也是公民，法律规定公民对知悉的违法犯罪事实有举报的义务，如果律师知悉委托人有犯罪行为，是否应履行公民的举报义务呢？当然不能。人不可能只有一种角色，不同场合可能具有不同角色。诉讼中，行为人是以律师角色出现的，公民角色退居幕后，所以，行为人必须遵守律师角色规定的权利义务，按照律师角色要求的行为模式行事。

如果律师对知悉的委托人的犯罪事实没有举报，也不能追究其责任。因为此时行为人所属的律师角色不能期待他这样做，如果做了，对整个律师行业是毁灭性的打击。一句话，角色使然。如果行为人不归属于和其行为密切相关的某一特定角色，或者说虽能归属于某一角色，但该角色对行为的评价不具任何意义，此时就不能采用角色人标准，而应采行为人标准。根据行为者自身的条件，结合行为时的客观情形进行期待可能性的判断。概括说来，就是如果能将行为人归属于和行为直接相关的特定角色，采用角色人标准；反之，则采用行为人标准。

2. 以普通人的折中标准为主要标准

第一，社会的组成基础主要是普通人，只有以普通人为标准才更为贴合以及更具可操作性。可以说，在期待可能性的判断中，发挥基础作用的是普通人标准。

第二，"特殊性"对照的是"一般性"，在具体案件中判断行为人行为时客观附随情况的异常与否时，皆是立足于普通人。

第三，过分偏离普通人的社会正义观念是无法得到社会认可的，只有符合普通人标准的社会观、正义观才是合理、可持续推动该理论发展的。

以一般人的认知能力为标准，以行为人当时的身体、心理条件以及附随情况为判断资料，来综合评定是否具有期待可能性。多层次、多维度的判断方法，是判断行为人的态度和采取的行动是否是当时面临状况的必然选择。基于期待可能性理论的判断立场的推动，以行为人为被期待对象的行为人标准更为合适；若考量期待可能性理论的判断结果，则以国家标准为核心才是贴切的。不论是从行为人标准、普通人标准还是国家标准来看，都需要结合具体的案件进行合理的运用，并建立标准群达到各个标准之间的平衡，发挥其优势来解决案件问题。

3. 坚持惩恶扬善的传统刑法价值观

期待可能性是彰显刑法人道精神的理论，是为了把不幸陷入某种恶劣环境的行为人从刑事责任的桎梏中解救出来，是一种开放的责任排除要件，但是并不意味着我们就可以无所限制的适用。进行期待可能性判断必须充分考虑行为人是否身陷足以让人违背法律规范的困境之中，这种困境一般只能限于如果不实施违法行为，国家、行为人或者行为人的近亲属的重大利益面临严重威胁的情况。行为人对此别无选择，只能通过实施不法行为来保全上述利益。

期待可能性理论关注人性弱点，但是并不是所有的人性弱点都可以作为责任阻却事由。笔者认为，刑法关怀的应该是值得被同情的避害的人性，这类人性即使不能被评价为善，也绝不能被评价为恶。而一些体现了恶的人性弱点，则不能认为具有欠缺期待可能性。如许霆案，很多学者认为许霆面对巨大诱惑展露贪婪的人性弱点，是值得同情的，因而案件在一审被判处无期徒刑被发回重审后法院援引我国《刑法》第63条第2款在法定刑之下量刑，是期待可能性理论的体现。对此笔者不敢苟同。法律是最基本的道德，而且被弘扬的道德应该是高尚的，许霆屈服于贪婪的本性，并不值得被法律同情和宽容，如果用期待可能性理论来解读许霆案的改判，无疑是对期待可能性的误解，如果用期待可能性理论来处理类似案件，无疑是对该理论的滥用，背离了该理论的发展初衷，甚至可能导致社会形成错误的价值观。

4. 判断中重点关注行为人的人权保障

期待可能性有无之认定应以对被期待者之人权之充分关注为旨趣。具体言之，凡是行为人本人不具备适法行为的可选择性时，则无期待可能性；即使行为人由于自身条件所决定具有适法行为的可选择性，但只要社会平均人在同等情况下不具备此种可能，也不应认为行为人具有期待可能性从而要求其承担对其不利的法律后果。换言之，只有在参照行为人标准、平均人标准都认为行为人具有实行适法行为的可选择性时，才能认定为行为人具有期待可能性。这样，才能在法律所许可的范围内充分地保障行为人的人权。实际上，由于每个人可能都会遇到各种各样的需要判断期待可能性的情况，所以这样的标准也是为了保障所有公民的人权，可称为"人权标准说"。人权标准说与单纯的行为人标准说、平均人标准说或者国家标准说相比，其理论价值在于有效地剔除了行为人标准说在认定时可能对于行为人过于苛刻的弊端，而保留了这一标准充分考虑行为人个体情况的优势；摒弃了平均人标准说缺乏对于行为人个人的应有关注的缺陷，而继承了这一标准一般而言比较客观公正的长处；同时，避免了国家标准说过于抽象、难以预见甚至可能强人所难的短处，而发挥了明确且充分关注行为人的人权的优势。

总之，人权标准说兼采上述三种标准之长而扬弃其短，毫无疑问是一种更为合理的选择。人权标准说的提出，不仅符合期待可能性理论创立的初衷，还成功地剔除了其他几种标准的不足，而且与当今刑法演进的宏观趋势（从政治刑法到市民刑法）相吻合，同时也符合刑法所应追求的价值目标。著名刑法学者陈兴良提出的刑法的价值目标——公正性、谦抑性与人道性——对于我们审视可能性的人权标准具有极大的启发意义。笔者认为，只要人权标准说能够符合刑法的上述价值目标，其存在就是正当的。具体而言，相对于传统的德日学者提出的三种标准，人权标准具有一定程度的宽容性，是对人性的体谅与尊重。这一标准所以称为人权标准，也是其保障人权的初衷使然，人权标准符合刑法的人道性的价值目标是毫无疑问的。同时，这一标准由于对行为人仅做了较宽松的限制，从而具有相当程度的出罪功能，缩小了犯罪圈，也体现了刑法的谦抑性的价值目标的要求。人权标准说的提出，既能保证刑法的正当性，也能体现报应与功利的统一，又能保证刑法的公平性和平等性。那么，人权标准说与刑法上规定的罪刑法定原则是一种什么样的关系？两者之间是否存在矛盾呢？我认为，两者是一致的，甚至可以说人权标准说是罪刑法定原则在期待可能性认定标准问题上的逻辑必然。从罪刑法定的价值蕴涵上考察可以看出，罪刑法定不仅在其创立之初是以人权保障为初衷，而且即使几经演进，对于人权的关注也始终是其固有的内容。而人权标准说以保障人权为基点，追求的正是实质的个别公正，从而也就更有利于行为人。可以说，期待可能性与罪刑法定原则是一致的。

那么这一标准在司法实务中又会遇到什么问题？人民大众会接受吗？具有可操作性吗？对于这一系列问题的回答，直接关系着人权标准说能否拥有真正的生命力。笔者认为，由于中华民族几千年来具有宽容和忍耐的民族心理结构，因此在中国社会较强的同质性以及相对较好的社会秩序氛围之下，人民大众对于人权标准说的提出与贯彻是比较容易地接受的。而且这一标准也与我国一贯倡导的惩办与宽大相结合的刑事政策相吻合。就实践操作性层面而言，这一标准实际上只是涉及一个诉讼过程中的举证责任问题。

行为人本人在行为时不具备实行适法行为的可能性的，由行为人本人负举证责任，因为行为人本人对于自己的情况最为清楚，并且成功举证的后果将对他有利；而行为人在行为时具备实际适法行为的可能性但社会平均人不具备此种可能时，就出现了举证责任的转移与倒置。这时，对于社会平均人的举证将由行为人来承担，成功举证的结果自然是对其有利的；而对于行为人的期待可能性的举证则由公诉机关的代表即检察官来承担。只有如此，才能最大限度地保证行为人的人权。

三、司法实践对期待可能性的判断应回归常识

近年来，我国刑法学理论研究一片繁荣、百家争鸣、成果颇丰。有学者认为，刑法学应该回归常识、常理、常情，即常识刑法观。也有学者提

出反对意见,认为常识刑法观是刑法研究的退步①。笔者认为,结合我国刑事司法实践现状,在罪刑法定原则的框架内,刑法理论研究回归常识,用常识常理常情进行期待可能性判断,对于尊重和保障人权、促进司法公正具有司法实践的积极意义。而在我国的刑事司法实践中,应用和判断期待可能性也理应回归常识。

(一) 司法公正要求回归常识主义刑法观

当前的刑事司法实践中,大家可以发现,社会公众对于法律问题、刑法问题特别关注,经常用朴素的正义观判断刑法问题。常识主义刑法观契合朴素的正义观,其核心理念是:刑法是从生活常识主义、经验判断出发所做的一种理性的价值判断。在价值判断过程中,起点是生活常识,而且通过判断所得出的结论也不能过于偏离生活常识。常识主义刑法观强调的是犯罪认定要符合常识、常情、常理,要慎之又慎。那么,犯罪认定上的慎重意味着什么呢?不能一开始就给被告人扣以意识形态的帽子,认定他破坏了社会主义社会关系,不能一下子就一棍子打死。常识主义刑法观的最大实践价值或内涵精髓在于强调适用刑法认定犯罪不伤法意、不绝人情,要讲法律、讲政治、讲人性,赋予刑法"人的温度",即让民众感受到刑法也是有温度的,是贴近常识、常情、常理的,是以人为本、彰显人文关怀的,而不是冰冷无情、残酷绝情的。只有这样,刑法才能真正成为公民权利的大宪章,让民众感觉亲近,从而使民众自觉崇法、信法、守法,树立刑法的法律威信。当前我国刑事司法实践需要推动刑法回归常识。

1. 期待可能性的判断要考虑民众的朴素的正义观

司法者不能成为执法机器,而要赋予法律"人的温度",因为人类设立法律的基本精神,就是为了保障生命和财产。如果死跟条文,忘记了法律是以人为本,那么法律就会失去它原本的意义。陈忠林教授指出,法律必须是以常识、常理、常情,以人民群众的朴素正义观,以人生的基本道

---

① 陈忠林:《如何让法学成为科学:走向科学的法学变革与理论重构》,《学术论坛》2019年第5期。

理为基础、为灵魂、为限度来理解的法，刑法作为惩治犯罪、保障人权的基本法更是如此。他还认为现代法治是良心之治，人性之治，人民之治，常识、常理、常情之治的法治观与法学教育观①。周光权教授在一次讲座中曾举例，甲乙二人比赛枪法，两人持同一把枪轮流各开了三枪，结果将百米外的一个行人打死。按照现在的刑法理论，过失犯罪不成立共同犯罪，不能要求二人承担共同犯罪刑事责任，但要认定单独过失犯罪，又无法查明这一枪是谁开的。按照这样的刑法理论，就只能认定二人均无罪。这样的处理结果在刑法理论研究中具有价值，但在司法实践中却难以服众，因为确实就是这两个人开的枪，结果打死了一个人，最后却无人承担责任，这样的处理结果偏离了民众的生活常识，民众在感情上是难以接受的。如果案件的处理不考虑民众的朴素感觉，不能为民众所理解和接受，也就难以取得理想的社会效果。

2. 什么是常识

刑法回归常识的前提是要界定什么是常识，或者说常识的判断标准是什么。根据《新华词典》的解释，常识是指一般知识。常识有以下三个特点：一是普遍性，这种普遍性是指人们普遍的"赞同"，不是理论、概括和抽象的；二是直接性，常识是直接被人们所知的，并不需要附加的推理或者证明；三是明晰性，常识必须是清楚明白的，没有异议的，因此常识往往被说成"不证自明"的。这种按照语义进行分析的方法其实就是文义分析法②。所谓常识、常理、常情，就是从普通人的生活经验知识、普遍的社会生活道理、一般人的社会生活情感的角度去衡量每一起司法案件，而不是将规则机械化地适用于每一个案件。其实，在社会生活中，在民众的心中，很难给常识下一个标准意义上的概念和定义。司法者必须准确捕捉和把握什么是常识。古人云："读万卷书，行万里路。"一名合格的司法

---

① 陈忠林：《如何让法学成为科学：走向科学的法学变革与理论重构》，《学术论坛》2019年第5期。

② 所谓文义分析法即按照法律条文用语之字面含义以及通常适用的方式来阐述法条背后所体现内容及其意义的解释方法。

人员不仅要向书本学习，将法律熟稔于心，更要向社会学习，向人民群众学习，体察社情民意，还应该走出书本，走向社会，增加人性思考，充实社会阅历。司法工作是定分止争、直接与人打交道的工作，与民众生活息息相关，因此司法者应该深入基层，深入群众，了解民众朴素的法律感情。刑事司法更是直接关乎当事人的自由乃至生命，检察官、法官更不能成为机械的法律工匠，而应该具有深刻的人性体察和社会阅历，这样才能准确理解和把握常识、常情、常理，也才能正确进行期待可能性的判断。

（二）期待可能性判断如何回归常识

1. 刑法要回归常识，首先要坚守罪刑法定原则

2000年发布的《最高人民法院关于审理交通肇事刑事案件具体应用法律若干问题的解释》（以下简称《解释》）第5条第2款规定："交通肇事后，单位主管人员、机动车辆所有人、承包人或者乘车人指使肇事人逃逸，致使被害人因得不到救助而死亡的，以交通肇事罪的共犯论处。"这一规定引起了学界的广泛质疑。从情理上说，指使逃逸者一般都是对肇事者具有一定制约或管理权力的人，肇事者往往只能听从指使者的指示，选择逃逸。指使者这种为了规避自己要承担的连带责任而置被害人生命于不顾的行为的性质是恶劣的，对其以交通肇事罪的共犯定罪处罚确实符合常识、常情、常理。但是，我国《刑法》明确规定，共同犯罪是指二人以上共同故意犯罪，二人以上共同过失犯罪不以共同犯罪论处，而应当负刑事责任的，按照他们所犯的罪分别处罚。显然，《解释》的这一规定为了体现常识、常情、常理，突破了罪刑法定原则。所以，刑法要回归常识，但同时一定要坚守罪刑法定原则，如果在遵守罪刑法定原则的前提下，确实无法回归常识，也只能做出立法解释，或在今后修正刑法时对立法进行修改完善。

2. 期待可能性的判断是生活常识的判断，但判断标准是行为人而非司法者

期待可能性能否阻却刑事责任，不是站在司法者的角度去判断的，不是以司法者的生活常识为判断依据的，而应当站在行为人的角度去分析，

从行为人的家庭背景、成长经历、文化程度、生活阅历及行为时所处的特定环境等出发,以行为人当时形成的生活常识为判断依据。例如:农民工张某来到自动柜员机给母亲汇款时,发现一张信用卡被遗忘在机子里。张某取出 1 万元,卡里余额还有 5 万元。张某将卡退出,放在身上。在骑自行车返回宿舍的路上,他意识到这种行为的严重性,毅然拐进了派出所,向警察坦白了事情经过,并交出了信用卡。对于司法者而言,遇到这种情况可能会向银行工作人员报告或者报警,但司法者受过高等教育,又具备法律专业知识,做出这种选择是符合生活常识的。但张某不一样,他文化程度不高,收入低微,还要寄钱回家,法律难以期待他立即做出正确的选择,在当时所处的特殊情境下,他以一念之差按下取款键是可以理解的。况且,张某主动向警方坦白,若对其行为认定为信用卡诈骗罪则偏离生活常识,民众难以理解和接受。

3. 刑法要回归常识,更要引导民众树立理性的刑法常识

刑法要回归常识,且一定要回归理性的常识,而不是迎合非理性的常识。比如死刑作为血腥同态复仇的不文明、非人道刑罚,已经为国际社会不断摒弃,但我国民众"杀人偿命"的观念却根深蒂固,这将使我国废除死刑的进程异常艰难和漫长。刑法不仅要回归理性的常识,而且要通过坚守罪刑法定原则、刑法谦抑原则和贯彻宽严相济刑事政策,引导民众理解和接受现代文明法治理念,使这种理念成为新的社会常识。同时,刑事司法应当兼顾天理、国法与人情,绝不能背离人之常情、世之常理,要将法律的专业判断与民众的朴素认知相融合,以严谨的法理彰显司法的理性,以公认的情理展示司法的良知。刑事司法还要充分考虑人民群众的感受和预防惩治犯罪的实际需要,确保罪责刑相适应,努力用较小的刑罚成本争取更好的犯罪治理效果,促进和保证人民群众在每一起刑事案件中都能感受到公平正义[①]。

---

① 熊红文:《刑法:回归常识之路》,《人民检察》2017 年第 11 期。

参考文献

白建军, 2003. 犯罪轻重的量化分析 [J]. 中国社会科学 (6): 123-133, 208.

柏浪涛, 2020. 错误论的新视角 [M]. 北京: 中国民主法制出版社.

柏浪涛, 2020. 违法性认识的属性之争: 前提、逻辑与法律依据 [J]. 法律科学 (西北政法大学学报), 38 (6): 18-30.

蔡枢衡, 1983. 中国刑法史 [M]. 南宁: 广西人民出版社.

蔡枢衡, 2005. 中国刑法史 [M]. 北京: 中国法制出版社.

曹菲, 2013. 管理监督过失研究: 多角度的审视与重构 [M]. 北京: 法律出版社.

曾根威彦, 松原芳博, 2008. 重点课题刑法总论 [M]. 东京: 成文堂.

曾根威彦, 2008. 刑法総論 [M]. 东京: 弘文堂.

车浩, 2009. 假定因果关系、结果避免可能性与客观归责 [J]. 法学研究, 31 (5): 145-163.

车浩, 2015. 法定犯时代的违法性认识错误 [J]. 清华法学, 9 (4): 22-46.

车浩, 2017. 阶层犯罪论的构造 [M]. 北京: 法律出版社.

车浩, 2018. 责任理论的中国蜕变: 一个学术史视角的考察 [J]. 政法论坛, 36 (3): 66-81.

车浩, 2020. 刑事政策的精准化: 通过犯罪学抵达刑法适用: 以疫期犯罪的刑法应对为中心 [J]. 法学 (3): 49-75.

陈宏毅，2014. 论过失不作为犯［M］. 台北：元照出版有限公司.

陈洪兵，2018. 刑法错误论的实质［J］. 烟台大学学报（哲学社会科学版）（4）：15-28.

陈家林，2017. 外国刑法理论的思潮与流变［M］. 北京：中国人民公安大学出版社，群众出版社.

陈金林，2018. 法定犯与行政犯的源流、体系地位与行刑界分［J］. 中国刑事法杂志（5）：25-42.

陈伟，2007. 监督过失理论及其对过失主体的限定：以法释［2007］5号为中心［J］. 中国刑事法杂志（5）：24-32.

陈兴良，2009. 从刑事责任理论到责任主义：一个学术史的考察［J］. 清华法学（2）：6-24.

陈兴良，2010. 教义刑法学［M］. 北京：中国人民大学出版社.

陈兴良，2010. 刑法中的故意及其构造［J］. 法治研究（6）：3-14.

陈兴良，2015. 纯正的过失犯与不纯正的过失犯：立法比较与学理探究［J］. 法学家（6）：101-115，176-177.

陈兴良，2017. 判例刑法学［M］. 北京：中国人民大学出版社.

陈璇，2012. 论过失犯的注意义务违反与结果之间的规范关联［J］. 中外法学（4）：683-705.

陈璇，2018. 责任原则、预防政策与违法性认识［J］. 清华法学（5）：89-111.

陈忠林，2002. 我国刑法中"恐怖活动犯罪"的认定［J］. 现代法学（5）：24-31.

陈忠林，2009. "恶法非法"：对传统法学理论的反思［J］. 社会科学家（2）：7-12.

陈忠林，2016. 刑法总论［M］. 北京：中国人民大学出版社.

陈忠林，2019. 如何让法学成为科学：走向科学的法学变革与理论重构［J］. 学术论坛（5）：57-66.

陈子平，2009. 刑法总论［M］. 北京：中国人民大学出版社.

陈子平, 2017. 刑法总论 [M]. 台北：元照出版公司.

储陈城, 2017. 意外事件的阶层化判断 [J]. 刑事法评论, 40（1）：479-494.

储槐植, 蒋建峰, 2004. 过失危险犯之存在性与可存在性思考 [J]. 政法论坛（1）：121-128.

川端博, 2003. 刑法总论二十五讲 [M]. 余振华, 译. 北京：中国政法大学出版社.

大谷实, 2008. 刑法总论讲义 [M]. 黎宏译. 北京：中国人民大学出版社.

大野真义等, 2011. 刑法総論 [M]. 东京：世界思想社.

大塚仁, 1993. 犯罪论的基本问题 [M]. 冯军, 译. 北京：中国政法大学出版社.

大塚仁, 2003. 刑法概说（总论）[M]. 冯军, 译. 北京：中国人民大学出版社.

戴小强, 2018. 违法性认识可能性在我国刑法语境下之提倡 [J]. 江西警察学院学报（3）：72-77.

丁成, 2014. 法定犯违法性认识错误研究 [D]. 华东政法大学.

杜洋洋, 叶慧娟, 2013. 期待可能性理论应慎用：以许霆案为例 [J]. 东南大学学报（哲学社会科学版）, 15（S1）：95-97.

冯军, 2012. 刑法中的责任原则：兼与张明楷教授商榷 [J]. 中外法学（1）：44-66.

冯军, 2017. 刑事责任论 [M]. 北京：社会科学文献出版社.

冯英菊, 2000. 赃物犯罪研究 [M]. 北京：中国政法大学出版社.

付立庆, 2010. 犯罪构成理论：比较研究与路径选择 [M]. 北京：法律出版社.

高洁, 2007. 过失犯罪实行行为研究 [J]. 刑事法评论（1）：404-438.

高铭暄, 1988. 论刑事责任 [J]. 中国人民大学学报（2）：23-31.

高铭暄, 2009. 论四要件犯罪构成理论的合理性暨对中国刑法学体系的坚持 [J]. 中国法学（2）：5-11.

高铭暄，马克昌，2019. 刑法学［M］. 北京：北京大学出版社，高等教育出版社.

高铭暄，王作富，1988. 新中国刑法的理论与实践［M］. 石家庄：河北人民出版社.

高铭暄，赵秉志，2008. 刑罚总论比较研究［M］. 北京：北京大学出版社.

高山佳奈子，毕海燕，2022. "实行行为"概念的问题性［J］. 南大法学（5）：37-45.

韩玉胜，沈玉忠，2017. 监督过失论略［J］. 法学论坛（1）：42-51.

郝应兵，2017. 中华人民共和国刑法配套解读与实例［M］. 北京：法律出版社.

何秉松，1995. 犯罪构成系统论［M］. 北京：中国法制出版社.

何家弘，刘品新，2008. 证据法学［M］. 北京：法律出版社.

何荣功，2007. 实行行为的分类与解释论纲［J］. 云南大学学报（法学版）（3）：51-55.

洪福增，1982. 刑事责任之理论［M］. 台北：台湾刑事法杂志社.

胡洋，2016. 论过失犯实行行为的不作为犯解释［J］. 甘肃政法学院学报（5）：74-82.

黄翰义，2010. 刑法总则新论［M］. 台北：元照出版有限公司.

黄云波，2020. 论危险动物伤人行为的刑法规制［J］. 刑法论丛，63（3）：105-130.

姜伟，1992. 犯罪故意与犯罪过失［M］. 北京：群众出版社.

金德霍伊泽尔，2015. 刑法总论教科书［M］. 蔡桂生，译. 北京：北京大学出版社.

靳宁，2015. 论刑法中的明知［D］. 武汉：武汉大学.

堀内捷三，2004. 刑法総論［M］. 东京：有斐阁.

劳东燕，2008. 责任主义与违法性认识问题［J］. 中国法学（3）：150-166.

劳东燕，2008. 罪责的客观化与期待可能性理论的命运［J］. 现代法学（5）：50-58.

劳东燕，2015. 风险社会中的刑法：社会转型与刑法理论的变迁 [M]. 北京：北京大学出版社.

黎宏，2008. 日本刑法精义 [M]. 北京：法律出版社.

黎宏，2016. 刑法学总论 [M]. 北京：法律出版社.

李波，2017. 规范保护目的理论与过失犯的归责限制 [J]. 中外法学，29（6）：1430-1455.

李步云，2004. 论人权的本原 [J]. 政法论坛（中国政法大学学报）（2）：10-19.

李居全，2000. 刑事责任比较研究 [J]. 法学评论（2）：46-50.

李立众，刘代华，1999. 期待可能性理论研究 [J]. 中外法学（1）：31-39.

李蕤宏，2008. 监督过失理论研究 [J]. 刑事法评论，23（2）：392-432.

李斯特，2006. 德国刑法教科书 [M]. 徐久生，译. 北京：法律出版社.

李涛，2016. 违法性认识的中国语境展开 [M]. 北京：法律出版社.

李中原，2006. 罗马法在中世纪的成长 [J]. 环球法律评论（1）：80-92.

梁根林，2003. 责任主义刑法视野中的持有型犯罪 [J]. 法学评论（4）：22-28.

梁根林，2020. 违法性认识的命运：中国与德国 [M] // 梁根林等. 责任理论与责任要素. 北京：北京大学出版社.

梁云宝，2020. 业务过失的刑法惩处不必重于普通过失 [J]. 法学评论，38（1）：174-184.

梁云宝，2021. 积极刑法观视野下微罪扩张的后果及应对 [J]. 政治与法律（7）：35-48.

廖正豪，1993. 过失犯论 [M]. 台北：三民书局.

林来梵，2008. 人的尊严与人格尊严：兼论中国宪法第38条的解释方案 [J]. 浙江社会科学（3）：47-55，126.

林亚刚，1995. 对"明知必然发生而放任发生"的再认识 [J]. 法学评论（2）：72-76.

林亚刚，2000. 犯罪过失研究 [M]. 武汉：武汉大学出版社.

林玉雄, 2018. 新刑法总论 [M]. 台北: 元照出版有限公司.

刘德法, 1988. 论刑事责任的事实根据 [J]. 法学研究 (4): 30-36.

刘基, 屈耀伦, 2003. 论过失危险犯 [J]. 兰州大学学报 (2): 83-87.

刘明祥, 1995. 刑法中违法性认识的内容及其判断 [J]. 法商研究 (中南政法学院学报) (3): 76-80.

刘明祥, 2014. 论具体的打击错误 [J]. 中外法学, 26 (2): 376-392.

刘艳红, 2009. 调节性刑罚恕免事由: 期待可能性理论的功能定位 [J]. 中国法学 (4): 110-121.

刘远, 2004. 期待可能性理论的认识论反思 [J]. 法学评论 (2): 43-48.

刘之雄, 2019. 违法性认识的刑法学理论异化与常识回归: 基于解读犯罪故意实质内涵的分析 [J]. 法商研究, 36 (4): 89-101.

刘志伟, 聂立泽, 2004. 业务过失犯罪比较研究 [M]. 北京: 法律出版社.

卢有学, 吴永辉, 2016. 监督过失理论及其适用: 兼评天津港爆炸案 [J]. 刑法论丛, 46 (2): 164-188.

罗克辛, 2015. 德国刑法学总论: 第1卷 [M]. 王世洲, 译. 北京: 法律出版社.

马克昌, 1999. 犯罪通论 [M]. 武汉: 武汉大学出版社.

马克昌, 1999. 刑事责任的若干问题 [J]. 郑州大学学报 (哲学社会科学版) (5): 49-54.

马克昌, 2002. 比较刑法原理: 外国刑法学总论 [M]. 武汉: 武汉大学出版社.

梅传强, 2005. 犯罪故意中"明知"的涵义与内容: 根据罪过实质的考察 [J]. 四川师范大学学报 (社会科学版) (1): 22-28.

米铁男, 2014. 特拉伊宁的犯罪论体系 [M]. 北京: 北京大学出版社.

木村龟二, 1984. 刑法总论 [M]. 东京: 有斐阁.

木村龟二, 1991. 刑法学词典 [M]. 顾肖荣, 等译. 上海: 上海翻译出版公司.

欧锦雄, 2000. 期待可能性理论的继承与批判 [J]. 法律科学 (5): 49-58.

彭凤莲，2004. 监督过失责任论［J］. 法学家（6）：58-64.

彭文华，2005. 论阻却犯罪的违法性错误［J］. 政治与法律（3）：105-110.

皮昂特科夫斯基，1955. 社会主义法制的巩固与犯罪构成学说的基本问题［M］. 孔钊，译. //苏维埃刑法论文选译：第1辑. 北京：中国人民大学出版社.

皮昂特科夫斯基，1984. 苏联刑法科学史［M］. 曹子丹，等译. 北京：法律出版社.

皮勇，2012. 论刑法中的"应当知道"：兼论刑法边界的扩张［J］. 法学评论，30（1）：53-59.

齐藤信治，2000. 刑法総論［M］. 東京：有斐閣.

前田雅英，1958. 監督過失について［J］. 法曹時報（42）：2.

前田雅英，2017. 刑法总论讲义［M］. 曾文科，译. 北京：北京大学出版社.

钱叶六，2015. 期待可能性理论的引入及限定性适用［J］. 法学研究，37（6）：116-135.

曲新久，1991. 试论刑法学的基本范畴［J］. 法学研究（1）：36-42.

曲新久，1994. 论刑事责任的概念及其本质［J］. 政法论坛（1）：14-20.

曲新久，2000. 刑法的精神与范畴［M］. 北京：中国政法大学出版社.

山口厚，1998. 问题探究刑法总论［M］. 東京：成文堂.

山口厚，2018. 刑法总论［M］. 付立庆，译. 北京：中国人民大学出版社.

山中敬一，2015. 刑法总论［M］. 東京：成文堂.

山中敬一，2015. 刑法总论［M］. 東京：成文堂.

沈曙昆，2007. 毒品犯罪中主观故意认定的困境［J］. 人民检察（21）：29.

舒洪水，2008. 期待可能性理论的哲学基础与本土化思考［J］. 法律科学（西北政法大学学报）（3）：83-94.

松宫孝明，2013. 刑法总论讲义［M］. 钱叶六，译. 北京：中国人民大学出版社.

松原芳博, 2014. 刑法总论重要问题 [M]. 王昭武, 译. 北京: 中国政法大学出版社.

松原久利, 2021. 未必的违法性认识: 关于违法性认识可能性与期待可能性 [J]. 赵天琦, 译. 南大法学 (4): 150-166.

孙继科, 2021. 违法性认识体系地位争论之否定: 兼谈违法性认识功能定位 [J]. 西华师范大学学报 (哲学社会科学版) (5): 33-43.

谭淦, 2012. 监督过失的一般形态研究 [J]. 政法论坛 (1): 175-183.

特拉伊宁, 1958. 犯罪构成的一般学说 [M]. 王作富, 等译. 北京: 中国人民大学出版社.

田宏杰, 2021. 走向现代刑法: 违法性认识的规范展开 [J]. 政法论坛, 39 (1): 68-80.

童德华, 2012. 违法性认识在犯罪构成中的地位: 两种意义的不要说和必要说的对话 [J]. 山东警察学院学报, 24 (1): 53-58.

童德华, 马嘉阳, 2020. 刑法中监督过失的适用条件及归属限制 [J]. 社会科学动态 (6): 14-22.

汪太贤, 2000. 论罗马法复兴对近代西方法治理念的奠定 [J]. 现代法学 (6): 32-35.

王安异, 2005. 浅谈监督过失的注意义务 [J]. 华中科技大学学报 (社会科学版) (6): 37-40.

王晨, 1998. 刑事责任的一般理论 [M]. 武汉: 武汉大学出版社.

王冠, 2019. 伪P2P类非法集资平台从业人员违法性认识的判断 [J]. 人民检察 (4): 73-76.

王海涛, 2014. 行政法规范之违反与过失实行行为之认定: 基于新过失论的阐释 [J]. 法学研究 (2): 152-165.

王俊, 2020. 法定犯时代下违法性认识的立场转换 [J]. 现代法学, 42 (6): 180-194.

王良顺, 2010. 管理、监督过失及其判断 [J]. 政法论坛, 28 (6): 148-155.

王钰, 2015. 功能责任论中责任和预防的概念: 兼与冯军教授商榷 [J].

中外法学（4）：1052-1067.

王钰，2019. 适法行为期待可能性理论的中国命运［J］. 政治与法律（12）：108-123.

王泽鉴，2011. 民法概要［M］. 北京：北京大学出版社.

王泽鉴，2016. 侵权行为［M］. 北京：北京大学出版社.

王政勋，2009. 犯罪论比较研究［M］. 北京：法律出版社.

王志远，2015. 在"公益"与"私权"之间：违法性认识问题再认识［J］. 法学家（1）：116-129，179.

王作富，2013. 刑法分则实务研究（中）［M］. 北京：中国方正出版社.

王作富，2016. 刑法［M］. 北京：中国人民大学出版社.

韦尔策尔，2015. 目的行为论导论［M］. 陈璇，译. 北京：中国人民大学出版社.

魏东，雷鑫，2019. 影响力案件的刑法教义学实证审验功能：以故意责任中"明知"的法理阐释为例证［J］. 法治现代化研究（6）：114-135.

吴富丽，2005. 过失危险犯的立法基础探析［J］. 中国刑事法杂志（6）：20-23.

武亚非，2017. 故意认识对象中规范评价要素的辨析［J］. 宁夏社会科学（4）：56-61.

西田典之，2007. 日本刑法总论［M］. 刘明祥，王昭武，译. 北京：中国人民大学出版社.

西原春夫，2006. 犯罪实行行为论［M］. 戴波，江溯，译. 北京：北京大学出版社.

希尔根多夫，2020. 德国刑法中的责任［M］. 黄笑岩，译//梁根林等. 责任理论与责任要素. 北京：北京大学出版社.

《刑法学》编写组，2019. 刑法学［M］. 北京：高等教育出版社.

谢望原，张宝，2015. 论打击错误及其理论选择［J］. 现代法学（5）：96-107.

谢雄伟，2016. 论监督过失的限缩：以被允许的危险为视角［J］. 社会科学（10）：115-123.

熊红文，2017. 刑法：回归常识之路［J］. 人民检察（11）：65-66.

徐岱，2002. 期待可能性的机能：扩张或紧缩［J］. 吉林大学社会科学学报（6）：118-121.

徐久生，2019. 德国刑法典［M］. 北京：北京大学出版社.

徐立，2006. 刑事责任根据论［M］. 北京：中国法制出版社.

许慎，2005. 说文解字［M］. 北京：社会科学文献出版社.

许玉秀，2005. 当代刑法思潮［M］. 北京：中国民主法制出版社.

雅格布斯，1997. 行为、责任、刑法［M］. 冯军，译. 北京：中国政法大学出版社.

杨春洗，杨敦先，1994. 中国刑法论［M］. 北京：北京大学出版社.

杨丹，2010. 医疗刑法研究［M］. 北京：中国人民大学出版社.

杨芳，2006. 犯罪故意研究［M］. 北京：中国人民公安大学出版社.

姚培培，2018. 2017年日本刑法学研究综述［J］. 日本法研究，4：227-250.

叶良芳，2020. 违法性认识在犯罪论体系中的地位［M］//梁根林等主编. 责任理论与责任要素. 北京：北京大学出版社.

于洪伟，2007. 违法性认识理论研究［M］. 北京：中国人民公安大学出版社.

于润芝，2019. 现代社会下过失不作为犯构造：基于注意义务与作为义务关系［J］. 四川警察学院学报，31（5）：111-120.

于志刚，2008. 犯罪故意中的认识理论新探［J］. 法学研究，30（4）：96-109.

余淦才，1987. 刑事责任理论试析［J］. 法学研究（5）：17-22.

余振华，2019. 刑法总论［M］. 台北：三民书局.

袁宏山，2012. 犯罪故意与犯罪过失适用［M］. 北京：中国人民公安大学出版社.

张继峰，2016. 论监督过失在重大责任事故罪中的适用［J］. 天津检察（2）：64-65，33.

张京婴，1987. 也论刑事责任：兼与张令杰同志商榷［J］. 法学研究（2）：

52-57.

张明楷, 1992. 监督过失探讨 [J]. 中南政法学院学报 (3)：1-5.

张明楷, 2003. 刑法格言的展开 [M]. 北京：法律出版社.

张明楷, 2018. 再论具体的方法错误 [J]. 中外法学 (4)：910-936.

张明楷, 2018. 责任论的基本问题 [J]. 比较法研究 (3)：1-19.

张明楷, 2019. 刑法的基本立场 [M]. 北京：商务印书馆.

张明楷, 2020. 期待可能性理论在中国的运用 [M]//梁根林等. 责任理论与责任要素. 北京：北京大学出版社.

张明楷, 2020. 外国刑法纲要 [M]. 北京：法律出版社.

张明楷, 2021. 刑法学 [M]. 北京：法律出版社.

张明楷, 2021. 刑法学中的概念使用与创制 [J]. 法商研究, 38 (1)：3-22.

张蔚伟, 2016. 犯罪故意认识因素研究 [M]. 北京：知识产权出版社.

张文等, 1997. 刑事责任要义 [M]. 北京：北京大学出版社.

张智辉, 1995. 刑事责任通论 [M]. 北京：警官教育出版社.

赵秉志, 1994. 妨害司法活动罪研究 [M]. 北京：中国人民公安大学出版社.

赵秉志, 2004. 主客观相统一：刑法现代化的坐标：以奸淫幼女型强奸罪为视角 [M]. 北京：中国人民公安大学出版社.

郑鹤瑜, 张闳诏, 2014. 论安全事故中监督过失的注意义务 [J]. 湖北警官学院学报, 27 (3)：73-75.

中共中央马克思恩格斯列宁斯大林著作编译局. 马克思恩格斯全集：第1卷 [M]. 北京：人民出版社.

中国人民大学刑法教研室, 1957. 苏维埃刑法论文选译：第3辑 [M]. 北京：中国人民大学出版社.

中国社会科学院语言研究所词典编辑室, 2017. 现代汉语词典 [Z]. 北京：商务印书馆.

周光权, 2005. 论实质的作为义务 [J]. 中外法学 (2)：216-225.

周光权, 2006. 违法性认识不是故意的要素 [J]. 中国法学 (1)：165-175.

周光权, 2019. 论中国刑法教义学研究自主性的提升 [J]. 政治与法律 (8): 78-94.

周光权, 2021. 刑法总论 [M]. 北京: 中国人民大学出版社.

周铭川, 2008. 论过失犯的行为构造 [J]. 中国刑事法杂志 (6): 13-19.

周铭川, 黄丽勤, 2005. 论实行行为的存在范围与归责原则的修正 [J]. 中国刑事法杂志 (5): 14-20.

庄劲, 罗树志, 2003. 宽容的底限: 期待可能性的消极构成 [J]. 甘肃政法学院学报 (5): 61-66.

佐伯千仞, 1985. 刑法期待可能性思想 [M]. 东京: 有斐阁.

佐伯仁志, 2017. 刑法总论的思之道·乐之道 [M]. 于佳佳, 译. 北京: 中国政法大学出版社.

佐久間修, 2015. 刑法総論の基礎と応用: 条文·学説·判例をつなく [M]. 东京: 成文堂.